淇武蘭遺址
考古學研究論文集

陳有貝 著

Ainosco Press

自序

　　一般認為臺灣的史前遺址多是原住民的祖先所留下，臺灣的史前文化多為原住民的祖先所創造，所以臺灣的考古研究其實便是當今原住民族群的古代研究。這個說法可以成立的主要原因便是從考古證據上可以看到不少文化要素從史前到近代的延續性，而且目前沒有證據支持史前居民曾突然或無端完全消失，所以他們的後裔一定還在這塊土地上。甚至即便族群已經消逝，但他們曾經創造出的文化一定也會隨著後來人群、土地一同存續至今。對人類而言，這個文化層次上的意義恐怕比血緣的關係還重要吧！

　　淇武蘭遺址在 21 世紀初被發現，經過了兩次較具規模的發掘後，現在藉由考古的研究可以知道遺址應該就是噶瑪蘭人的祖先所留下。歷史文獻中的噶瑪蘭族群記錄大概僅始於 17 世紀，而淇武蘭遺址的發現顯然將這個時間點延伸到 5 世紀以前。而且除年代上的意義之外，我想更重要的便是透過遺址的埋藏內容，告訴了我們一千多年以來蘭陽平原的故事，這裡的村落、人群、文化是如何形成與變遷。

　　本書基本上是考古研究，但希望也能提供歷史與族群研究的參考，書中各篇都是以筆者過去曾發表過的論文為基礎，部分再經修改而成。由於原來的各篇論文中多有類似的淇武蘭遺址概說介紹，故本書對這部分有較多刪除，並儘量再對內容予以整合、簡化，其他如引用文獻也在統合後一併置於書末。然儘管如此，其中仍是有些重複之處，這是因為考慮前後文脈需求，以致難以再精簡，敬請讀者諒解。其他如書中照片，不少是採自淇武蘭發掘計畫中所攝，若有不足，尚請參閱原發掘報告。另外是對於原來論文中的某些資

料（如年代數據），也因為後來有較新的分析結果，因此一律適當修正，惟原則上對於研究看法方面並無具體更動。

　　今日若到淇武蘭遺址現場，眼前所見就僅只是一條河川了。很難想像數百年前這裡還是北臺灣最熱鬧的「市鎮」，還好當時生活的種種都一件件埋入了地下、河中，讓我們還有機會在文獻之外認識這個聚落。

　　各種考古作業無論是事先調查、現場發掘，乃至後來的報告製作與研究探討，向來都是一種團隊合作，淇武蘭的工作當然也不例外。故於此，謹以本書向所有曾經參與本工作的同仁表達最大感謝之意。

目錄

自序 i

壹、淇武蘭遺址的基本資料
第一章　淇武蘭遺址的考古工作 3
第二章　淇武蘭遺址的保存與展示 43

貳、淇武蘭遺址的學術定位
第三章　淇武蘭遺址的歷史圖像 57
第四章　淇武蘭遺址在考古研究上的意義 69
第五章　從淇武蘭與龍門舊社兩遺址看族群互動 85

參、淇武蘭遺址的上、下文化層研究
第六章　淇武蘭遺址的下文化層 105
第七章　淇武蘭遺址的上文化層——噶瑪蘭早期飲食 131
第八章　淇武蘭遺址的上文化層——傳統陶罐的功能與意義 149
第九章　淇武蘭遺址的上文化層——從裝飾、標記到意義的形成 161

肆、社會的變遷與族群
第十章　近代貿易的衝擊 173
第十一章　臺灣史前族群的形成 201

後記 227
引用書目 231

圖表目錄

圖片

圖 1-1	蘭陽平原的得子口溪	3
圖 1-2	和村民生活關係密切的二龍河段	4
圖 1-3	淇武蘭遺址的位置	5
圖 1-4	築堤以阻絕河水	7
圖 1-5	發掘河道	7
圖 1-6	河道中的發掘,現場相當泥濘	8
圖 1-7	C14 年代測定結果	13
圖 1-8	成行排列的木柱	14
圖 1-9	淇武蘭村落的想像	15
圖 1-10	並排的三個墓葬	16
圖 1-11	丟滿木材廢棄物的灰坑	16
圖 1-12	淇武蘭的地層	18
圖 1-13	代表早期的四種陶容器	19
圖 1-14	晚期的典型陶罐	20
圖 1-15	外來的陶瓷	21
圖 1-16	磨石和石錘是當時最常見的石器種類	22
圖 1-17	各種木製品	24
圖 1-18	竹編籃的出土狀態	24
圖 1-19	木鏟與木槳	25
圖 1-20	木製尺狀物	26
圖 1-21	各種菸斗	27
圖 1-22	銅幣成串出土	29
圖 1-23	骨角製裝飾品	30
圖 1-24	貝製裝飾品	31
圖 1-25	各種瑪瑙珠	32
圖 1-26	金珠	34
圖 1-27	墓葬中玻璃小珠群聚出土	34
圖 1-28	小鈴鐺	35

圖 1-29	稻穀	37
圖 1-30	陶器上的刻畫紋樣	40
圖 2-1	小型的鄉土博物館（隆田）	45
圖 2-2	復原古代生活的遺址公園（卑南）	46
圖 2-3	在淇武蘭村內辦理展示	47
圖 2-4	淇武蘭聚落，河川，稻田，構成當地生活環境	49
圖 3-1	17世紀蘭陽平原各村落的人口與戶數資料	58
圖 3-2	近代淇武蘭的地圖記錄	59
圖 3-3	生活想像圖	62
圖 3-4	左：伊能嘉矩手繪；右：淇武蘭遺址出土	64
圖 4-1	下文化層的二次葬	75
圖 4-2	考古學文化可以分解出三個含意	78
圖 4-3	十三行文化與淇武蘭的差異	81
圖 5-1	雙溪河口的舊社遺址	88
圖 5-2	舊社遺址海邊沙地的考古埋藏極深	89
圖 5-3	舊社遺址的幾何印紋陶	90
圖 5-4	舊社遺址的骨角質裝飾品與鐵器	91
圖 5-5	高帽人像木雕	95
圖 5-6	凱達格蘭人與噶瑪蘭人一定是祖源關係嗎？	96
圖 6-1	淇武蘭墓葬平面分布圖	112
圖 6-2	H281結構	117
圖 6-3	淇武蘭的「划龍舟」	119
圖 6-4	晚期墓葬的陪葬品：帶橫把大型圈足罐	123
圖 6-5	侈口折肩圈足罐	124
圖 6-6	淇武蘭墓葬葬具的連續性變化	125
圖 6-7	特殊刻劃紋陶片	127
圖 6-8	對向斜線紋與高冠人像	128
圖 7-1	三石做灶	133
圖 7-2	遺址出土食用後的貝殼	138
圖 7-3	出土的鹿角與豬下顎	139
圖 7-4	出土的桃種子與林投子	140
圖 7-5	鐵鍋殘件	144
圖 7-6	漢文化的食具組	145

圖 7-7	大型硬陶器	146
圖 7-8	精緻的雕飾浮顯社會的吸菸盛況	146
圖 8-1	陶罐的復原工作	151
圖 8-2	器壁極薄是本地陶容器特色	155
圖 8-3	陶罐頸部的回紋是模仿外來瓷碗紋飾	156
圖 8-4	以外來瓷器陪葬	158
圖 9-1	器身充滿紋飾，由上而下層層排列	163
圖 9-2	菸斗的紋飾	164
圖 9-3	陶容器的圖樣舉例	167
圖 9-4	從紋飾到標記	169
圖 10-1	地層所見的舊河道	174
圖 10-2	出土於墓葬的金鯉魚飾品	181
圖 10-3	玻璃珠中的一類	182
圖 10-4	各種金屬器	184
圖 10-5	「腰間一刀」是原住民常見裝配	186
圖 10-6	淇武蘭的貿易系統	190
圖 10-7	橄欖形網墜	193
圖 10-8	M20 有銅錢、瓷器等陪葬	196
圖 10-9	可能有貨幣功能的瑪瑙珠	198
圖 11-1	受早期漢文化影響的南島語族	204
圖 11-2	石杵	209
圖 11-3	《漂流台灣チョプラン嶋之記》的臼與石杵	209
圖 11-4	左：阿美族的石杵製作；右：民族學標本石杵	210
圖 11-5	東部考古常見的石杵	210
圖 11-6	石杵與阿美族的分布地域幾乎一致	211
圖 11-7	小米是原住民重要農業	212
圖 11-8	M80 埋葬一位女童	220
圖 11-9	M80 棺板上的祖先像	220
圖 11-10	「魚形雕版」的祖先圖樣	221
圖 11-11	淇武蘭的陶碗與漢人瓷碗	222
圖 11-12	蔦松文化的陶器	224
圖 11-13	蔦松文化的鳥首狀器	225

表格

表 6-1　C14 年代測定資料 110
表 6-2　下文化層各時期的墓葬資料 114
表 8-1　早期與晚期的墓葬陪葬品比較 158
表 10-1　1650 年蘭陽平原噶瑪蘭聚落人口的分類統計 ... 190

壹、淇武蘭遺址的基本資料

第一章
淇武蘭遺址的考古工作

一、遺址的發現

　　位於臺灣東北部的蘭陽平原是一個形勢完整的自然地理區，平原的西北側是雪山山脈，南側為中央山脈北端，東側面臨太平洋。平原上分布著不少由西向東蜿蜒入海的河川，其中支流眾多的得子口溪就分布在約呈三角形的平原北端。

　　得子口溪上游始自雪山山脈東側，此區域地勢的高低崎嶇，中游以下始進入和緩的平原，最後曲折向北至頭城鎮南側一帶出海，全長約有 19 km。由於本溪從上游一千多公尺的山地突然進入低海拔的平原地形，以致過去以來時常有改道、氾濫等情事。而政府因應於此，歷年來進行了多次河川的整治工程，故今日多處的河道、景觀也已和過去有所不同。

　　得子口溪的中游一帶也被稱為二龍河（或淇武蘭河）（圖 1-1），下游至出海口一帶則稱為竹安溪。現今在流穿平原地區的河道兩側有著若干大大小小的聚落，村民們多從事農

圖 1-1　蘭陽平原的得子口溪（左側村落為淇武蘭）

業維生,而密布的溪流、充足的水源正可以供應生活與灌溉所需。此外,現在於中下游一帶有相當多的養殖漁業,出海處的竹安溪口則是著名的釣魚地點,種種亦顯現出本水域有著良好的漁產資源。

據聞,過去本河川曾多有航行之利,但今日幾乎已不復見,偶爾僅見來回捕捉魚蝦的小舟。現今每年在二龍河段舉辦具有原住民傳統意義的划船競賽,或許也可說明本來所具有的航運功能。

總之,得子口溪供應生活用水、灌溉、漁業,甚至是航運,與當地村民的生活關係密切(圖 1-2)。史前時代可能亦不例外。

2001 年 6 月,宜蘭縣政府於得子口溪進行第六期的疏濬整治工程,正當挖土機在水道閘門的兩側開挖引道時,無意間發現土壤中含有一些古代的瑪瑙珠、陶瓷片等。縣府人員在得知此事後,遂召集專家學者至現地勘查,並在 6、7 月間於現場進行 9 個考古探坑的試掘。不久便從埋藏的地層中出土了古代遺物,至此始確認本遺址的存在。

在考古學領域中,一般對於新發現的遺址皆是以埋藏所在的當地小地名作為遺址名稱。因本遺址位屬礁溪鄉二龍村,原本似乎也可用一般較熟悉的二龍村為遺址名,不過二龍村較偏向行政區域名,

圖 1-2　和村民生活關係密切的二龍河段

且區域內尚含有淇武蘭和洲仔尾等不同名稱的聚落，故另考量遺址的地點乃是直接緊鄰著淇武蘭聚落，而命名為「淇武蘭遺址」（圖1-3）。

圖1-3　淇武蘭遺址的位置

　　由上可知當初在考古學上稱之為淇武蘭遺址，倒不是因為這個遺址的埋藏內容一定和淇武蘭聚落有什麼關係[1]，而只是純粹遵循學術上的命名原則。然而根據後來的研究，竟發現本遺址和淇武蘭聚落確存有密不可分的關係。

　　據西班牙人在臺的史料文獻，宜蘭地區在17世紀初期時已存有類似淇武蘭名稱發音（Qiparaur）的村落。後來荷蘭人占領臺灣北部時，有稱之為Kibannoran（Quibaranan）的村落（中村孝志1938），

---

[1] 就像臺東縣著名的卑南遺址基本上也和卑南族無關。

這應該就是延續先前的 Qiparaur。到了清代，如稱為奇蘭武蘭（姚瑩 1957），或 19 世紀末稱為奇武蘭社。從這些地名發音的類似性，大致可以確定所謂淇武蘭聚落的存在至少可以上溯到 17 世紀。

那麼，這個史料上的古老聚落和發現於其旁的遺址埋藏又有何關係？簡單就結論而言，因為遺址與村落位置鄰近，且埋藏物的年代和歷史村落存在的時代重疊，再加上埋藏物的內容符合歷史上對噶瑪蘭文化的認識，以此三點為主要依據，現在幾乎可以確定淇武蘭遺址即是淇武蘭古代聚落的殘留。

二、發掘

（一）第一次搶救發掘

在考古遺址主管機關（宜蘭縣政府文化局）確認遺址的存在後，立即要求河川治理的工程延緩。因為根據我國在 1982 年以來所制定的《文化資產保存法》，凡是工程開發中遇及遺址發現，皆應立即停工，等待遺址進行妥善處理後，才能再恢復工程進行。然而，當時縣府此舉確實造成了當地村民的疑慮，尤其是 2001 年 9 月，納莉強烈颱風侵襲臺灣北部，帶來龐大的雨量，低平的蘭陽平原上有不少河川的水位高漲，甚至溢堤而出，若此時暫停河川疏濬，未來恐造成村民生命與財產的影響。但另一方面，為了遺址文化資產的長久保存，延後疏濬工程卻也是不得不然的決定。

宜蘭縣政府文化局隨即在同年 11 月委託國立臺灣大學人類學系執行「宜蘭縣礁溪鄉淇武蘭遺址搶救發掘及資料整理計畫」，目的是透過考古學方法中的搶救發掘，使各種考古埋藏先行出土，並從事科學性的研究與保存。原本學界對於遺址的保存，多主張讓遺址原封不動留存於地下才是最佳的作法，只是有時候面臨無法避免的工程開發破壞時，就得利用考古搶救發掘的方式，先迅速處理各種

地下考古埋藏,再讓後續的工程可以順利進行。

在本遺址發掘之初,原預估這是一處距今約數百年前之噶瑪蘭族群早期舊社,然不久後,就在地層更下方發現了年代更早的文化埋藏,於是決定投下更多的人力與資源,以盡最大的努力挽救任何即將消逝的考古遺留與資料。

此次的搶救發掘前後大致歷經兩年,其中還因北宜高速公路的橋墩基礎工程,以及臺電的管路工程的影響而增加一些附近區域的發掘,最後共計完成 3,814 m²。發掘所涵蓋的區域包括了河道、河灘地,及附近的菜圃、農耕地等,而其中最值得一提的便是堤防內河道區域的發掘了。這部分必須先將河道引流至外環,並另築堤以阻絕河水,再由考古人員發掘河床下的埋藏(圖 1-4,1-5);部分則是在河川中打入圍起的鋼板樁,抽乾其中的河水後再行發掘。整個過程不僅要隨時觀測河川水量是否會高漲過堤,而且還要及時處理滲入的河水,蘭陽平原又以多雨著稱,一旦遇到雨日,整個發掘現場變得極為泥濘,難怪有研究者視之為某類的「水下考古」(圖 1-6)。

本次搶救發掘直至 2003 年 5 月始結束田野現場的工作,所幸整

圖 1-4 築堤以阻絕河水

圖 1-5 發掘河道

圖 1-6　河道中的發掘，現場相當泥濘

個過程期間並未再有河水暴漲等情事，相關的疏浚與堤坊工程也在隨後陸續完工，最終可說是讓考古文化資產與工程建設同時獲得妥切的結果。

　　根據《文化資產保存法》的規定，所有地下埋藏或出土的考古遺物皆歸國家所有，主管機關應指定保存機構並負妥善保管之責任。目前這批重要的考古遺物皆收藏於宜蘭縣政府文化局，過去也曾在蘭陽博物館等幾個機構展出，成為蘭陽平原上極為珍貴的文化資產。

（二）第二次搶救發掘

　　第一次的發掘已使我們確認淇武蘭遺址的存在，當時推測主要分布地點多在今日河道下方，面積至少有 20,000 m² 以上（此數字後來經修正，見後文）。如前所述，根據文資法規，若在遺址範圍內有任何開發工程計畫皆應先對考古埋藏進行維護等措施。2011 年，沿北宜高速公路的高架路面下方規劃建設平面道路，此路線穿越得子口溪的地點恰在已知遺址範圍內，故勢必又將對遺址造成不小的影響。

　　此一事件在過程中經過不少協商討論，最終決定為了避免遺址

被破壞過多,所以將不在埋藏物最多的河道中埋設墩柱,而改在堤坊外兩岸設置橋墩。但因墩柱所在地點仍屬遺址敏感範圍,故同樣須進行考古搶救發掘。宜蘭縣政府文化局遂再度委託國立臺灣大學人類學系執行本案,現場工作從 2011 年 2 月底開始,至同年 10 月結束,此即為淇武蘭遺址的第二次搶救發掘。

本次主要針對未來的橋墩所在地點進行發掘,最後完成面積共 2,032 m²。正如事前所預期一般,出土的遺物多集中在近河道的橋墩,遠河道的橋墩便逐漸無遺物出土,這個現象說明了當時村落主要是沿著河道邊所建,而觀察各種出土遺物的內容大致也和第一次搶救發掘所見類似。

根據本次的發掘結果,再將遺址的分布範圍重新作了修訂,現在認為遺址埋藏的集中區域之東西長約有 300 m,南北約有 200 m,面積約 54,000 m²,而整個時代的早期、晚期之埋藏集中地點似乎略有差異。

今日若到淇武蘭遺址現場已難復見各種豐富的考古遺留,除了部分已被發掘出土外,其他多依然深埋於河道下方,眼下僅見河水充沛的得子口溪,以及依舊臨河而居,延續可能有千年以上的淇武蘭聚落。回想兩次的考古搶救實與當今社會對文化資產的態度有著密切的關聯性,如早期為了進行發掘而延誤了河川治理工程的進度,多少曾引起村民的誤解,所幸最後終能化解歧見,兼顧了文化資產與民生工程。若未來還能在當地興建文物保存與活用機構,無疑更可落實本工作最積極正面的意義。

三、發掘報告與研究

（一）發掘報告

　　「考古發掘」的一個意義是將遺物從地下出土以保全與見證人類文化資產，另一則是獲取人類古代資料以進行學術研究，兩者同等重要。所以，考古發掘工作雖始自田野現場，但必完成於發掘報告書的提出。通常從田野現場回到室內後所展開的作業，包括人力、時間與經費都不比在發掘現場來得少，實務上更是分毫不能疏忽的一環。有研究者認為沒有完成報告書的發掘就是一種破壞，是頗具道理的。而且在今日，完成發掘報告這個概念不僅是學術上的責任，在《文化資產保存法》中亦有規定，如51條：「考古遺址之發掘者，應製作發掘報告，於主管機關所定期限內，報請主管機關備查，並公開發表。」

　　淇武蘭第一次考古搶救結束後，經過多年的遺物與資料整理，終於在2007年出版發掘報告的第1～4冊，各冊主題分別是基礎資料、坑穴與木柱群（第1冊）；墓葬（第2、3冊）；遺物（第4冊）。2008年出版5～6冊，分別為遺物（第5冊）；遺物與生態遺存（第6冊）。第二次搶救發掘的報告共3冊，於2013年出版，分別是上文化層資料遺物（上冊）；下文化層資料遺物（下冊）；現象與墓葬等資料（別冊）。這些報告的敘述內容包含整個搶救發掘的經過、發掘的坑位、層位、各種埋藏物與出土脈絡、年代及文化內容的分析探討等，是淇武蘭遺址的整體記錄，也是未來進行相關研究的基礎資料。

（二）研究

　　本遺址的各種研究是伴同著現場發掘即刻開始，並隨著客觀資料的陸續公布，可見到更多的學術性論文發表。2010年，宜蘭縣政

府舉辦「宜蘭研究第九屆學術研討會：探溯淇武蘭」研討會，邀集各領域的專家學者與會，發表相關論文，使淇武蘭的研究再邁前一步。根據筆者在該會議當時的整理，除了有遺址發掘本身的各種報告、圖錄外，主要還有下述幾類的研究：

第一類是各種以遺物、遺構為主的專題性研究，例如陶器、外來陶瓷、玻璃珠、墓葬與陪葬品、木構建築等。

第二類是有關遺址性質的研究，例如當時聚落生活狀態的推測、噶瑪蘭村落形貌的復原、聚落早期與晚期的關係與變化、遺址之上文化層與下文化層的關係，以及淇武蘭與週邊其他族群如凱達格蘭、三貂社等之比較與探討等。

第三類是屬於環境與生態方面，例如當地的孢粉與古環境分析、貝類研究、古代的豬與鹿研究等。

第四類是遺址的保存探討，包括如木質器物等文物的保存技術、遺址現場的保存與展示維護、噶瑪蘭的文化傳承等。

以上相關的文章、論文可散見於各種期刊、論文集，及以之為專題的碩博士論文等。未來待努力的層面依然頗多，整體而言，本遺址在性質與意義上有以下各特點，是值得加以掌握與發揮。

首先是與歷史文獻記錄的接軌，淇武蘭遺址最早可達一千多年前的史前時期，其後接續至四百多年以來的近代歷史時期。從完全沒有文字資料的時代歷經少許文字記錄時期，乃至到以文獻檔案為主的歷史時代，這段時間的發展與變化可說完全埋藏於遺址中。

其次是淇武蘭為平埔族中之噶瑪蘭族群的重要聚落。現今對噶瑪蘭族群的認識多來自近代民族誌的田野調查，對於更早時期噶瑪蘭人的生活面貌則所知甚少。就此點而言，因為淇武蘭曾是蘭陽平原最大聚落，所以它的資料應該是最具有代表性的。

最後是本遺址埋藏資料的多樣性與完整性。因為遺址長期埋藏

在河道中,不僅環境條件穩定,且遭受現代人為的破壞機率減小,反而保存下較完整的埋藏。藉由科學性的考古發掘與研究,將成為我們認識古代社會的最佳素材。

四、出土資料

　　經由考古發掘大致可獲得兩大類研究資料,一類是出土物本身,屬有形的物質資料;另一類屬無形的資料,是出土物於地層中的埋藏位置與狀態,或是物與物之間的關係記錄,此即考古學上所稱之「脈絡」。淇武蘭的發掘報告中記錄了這兩類資料,並適當地進行了若干基礎研究。下文為擷取發掘報告中的部分重點,並結合若干研究看法,希望可以精簡呈現本遺址的大概。

(一)年代與族群

　　對於淇武蘭遺址的年代推定是綜合考古層位、遺物內容及 C14 年代測定等資訊判斷的結果。

　　在考古層位方面,據發掘時所出土的地層狀態,可見有上、下共兩個含有考古埋藏的文化層,兩層中間是一層不含人為遺留的自然堆積。再觀察兩個文化層的各種遺物內容,基本上有各自特徵,這些特徵在臺灣考古研究上是反映著從鐵器時代到歷史時期之不同階段的產物。

　　從上述的上、下文化層分別採取碳素標本,經 C14 年代測定(詳細可參考發掘報告),再綜合歸納所有數據結果後,可知遺址埋藏的最早年代約在距今 1,600 年前,最晚年代則已在距今 100 年前以內。而其中下文化層的年代約在 1,600～800 年前,可稱為本遺址的早期階段;上文化層的形成年代約為距今 600～100 年前以內,稱為本遺址的晚期階段(圖 1-7)。

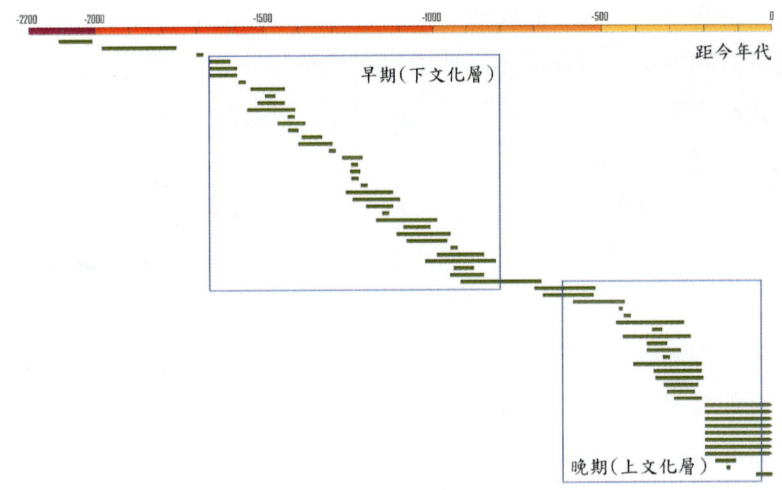

圖 1-7　C14 年代測定結果

　　如一般所認識，晚近的蘭陽平原多為噶瑪蘭平埔族原住民的居住地，而從上文化層的埋藏看來亦屬噶瑪蘭人的遺留無誤。如果再進一步配合文獻推敲，從荷蘭人占據的 17 世紀中期開始至晚近皆有淇武蘭村落的記錄，所以現在本地點的地下埋藏極可能便是各時代該聚落的遺留。

　　總之，本遺址曾經是個噶瑪蘭人的大型聚落，而後也曾經歷非常劇烈之聚落性質與人口規模的變化，因此它對於認識過去噶瑪蘭的歷史與文化是極有代表性的。

（二）發掘坑位與村落布局

　　淇武蘭遺址的兩次發掘面積共計 5,846 m^2，每個考古探坑的大小多為 4 m 長、寬的正方形，坑位方向多採順應當地的河道地形（略東西向），發掘記錄便是以這些「探坑」作為基本單位，最後再整合成遺址全體之資料。

目前判斷，遺址的埋藏主要位於今日的河道下方，這是由於蘭陽平原的地勢極為低平，本河川又水量充沛，常常造成河道移動，因此過去的聚落本來可能是位在河川旁，只因後來河道的移動導致淹沒原聚落所在。

　　第一次發掘的地點集中在今日淇武蘭聚落區的南側及東南側，這裡出土的埋藏相當密集，包括墓葬、灰坑、建築遺構及各種遺物等，推測此處應曾是過去聚落的中心或密集地。第二次發掘的位置在偏東側的區域，也出土了不少遺留，但在南、北兩側距離河道較遠處則遺物漸少。兩次發掘都從出土現象中辨認到當時的河川邊坡與舊河道（參見圖10-1），可以清楚知道當時的聚落應是緊沿著河岸而建，顯現出居民與河川的密切關係。

　　當然亦不能忽略所有出土的遺物與現象乃出自一千多年以來的堆積，在如此長久的時期中，聚落的主要位置應會有所移動。從初步跡象看來，較早的遺留偏向位在遺址範圍內的東側，較晚遺留較集中於西側，意即這個古代聚落有逐漸沿著河流岸邊向西、向內陸移動的傾向，雖然遷移的距離不是很大，且目前也沒有任何證據可以說明原因。

　　根據遺址中大量分布的人為加工木柱（圖1-8），以及極少發現地面火塘的現象，可以判斷不少的淇武蘭家屋可能是所謂的杆欄式建築。即以木柱樑架撐起平臺作為房屋地板，上方再建築主要的居室。

圖1-8　成行排列的木柱

第一章　淇武蘭遺址的考古工作　15

圖 1-9　淇武蘭村落的想像（許巧又繪）

這類建築多見於氣候溼熱或地勢低矮的地區，因為居住在高起的平臺上，可保有較好的通風環境與防止水患，相當符合本地區的環境狀況（圖 1-9）。

　　觀察出土的木柱多有明顯的排列方向，顯示出房屋或聚落皆是平行於河道所建。再根據出土資訊，可復原某些房屋的寬度約 3 m，長度約 8 m，建材少使用石、磚、瓦等，幾乎全以木質材料建造。

房屋的下方或週邊皆混合埋藏著各墓葬，似乎沒有特別分開房屋居住區或墓葬區。在某些臺灣史前遺址中也有類似的現象，如卑南遺址地層的上方是住屋結構，下方是石棺墓葬，且兩者之間似乎有關連性，甚至被推測可能有室內葬的習俗（宋文薰、連照美1988）。另據臺灣的近代民族誌文獻，諸多原住民也將墓葬埋於家中或住家附近。由此看來，淇武蘭也可能沒有專門的墓區，而是將墓葬埋於聚落內或家屋附近。由於多數的墓葬都有特定的方向，顯示當時同一聚落內成員的共同行為傾向，有些墓葬則成兩座或三座有秩序的排列，推測彼此之間或有親屬關係等（圖1-10）。

圖1-10　並排的三個墓葬

圖1-11　丟滿木材廢棄物的灰坑

　　在遺址的發掘中還出土了為數不少的地下坑穴，從坑內的出土物看來，有些是作為拋棄垃圾的垃圾坑（圖1-11），有些是當成器物或某些食物的儲存之用，有些可能是燒陶用的坑穴。從它們的分布位置及密度推測（遺址現場的墓葬、木柱、灰坑常常交錯出土），這些都是當時日常生活中極為普遍之行為。

　　在第二次搶救發掘中還出土了一座特殊的石構建築，地表鋪

石排成方形，長約 5 m，寬約 3 m，整體排設得非常整齊，可以看出居民對這個建築的用心與重視。此結構尚有一門道面向河岸，並有數件石塊一路排列通向河川，故推測它的功能或許是進行和得子口溪相關祭祀的場所（參見圖 6-2）。

發掘時亦發現過去舊河道（南岸）的實際所在，此部分的發掘最深達海拔 -4 m 以下，但仍不見河床底部。舊河道內堆積大量貝類、獸骨等生態遺留，應該是當時居民將生活垃圾丟棄於河道邊所造成。部分河道也出土各種人為遺物，數量龐大，這則是因為後來的河道變動，以致切穿聚落，沖刷下各種考古遺留的結果。

（三）發掘層位

淇武蘭遺址的表層堆積因受到自然河川流動的擾亂，或是後來人為活動的影響，導致這部分的考古遺留已經失去埋藏時原有的脈絡，在研究上的使用性受到限制。發掘進行時為了增加工作效率，對於這部分擾亂的區域多是以挖土機快速除去，隨之進入較有秩序的埋藏層位後才改採人工發掘。現場一般皆以每層 10 cm 的深度為單位向下發掘，部分非遺留集中區或是舊河道堆積區才改採以 20 cm 為單位。

遺址內每個地區的堆積狀態並不一致，某些地區顯然被擾亂的程度較低，某些則已受過嚴重擾動。大致而言，現地表一般的海拔高度約為 200 cm，從地表以下約 100 cm 內多為現代的擾亂堆積，接下來約有 40 cm 是河川擾亂，再往下是厚約 90 cm 的上文化層（海拔 60 cm ~ -30 cm），緊接其下是厚約 50 cm 之無遺物埋藏的河川堆積地層，再下方是另一個厚約 90 cm 的下文化層（海拔 -80 cm ~ -170 cm）。如果換算成海拔高度，上文化層約和現在的海平面同等高度，下文化層則已較現在海平面低約 1 m 以上，地勢可說相當低

矮（圖 1-12）[2]。

蘭陽平原基本上屬於沉降地形，海拔亦頗低，可以想見過去淇武蘭聚落居民的生活環境便是在如此多雨多水的原野地帶。而上述在上、下文化層之間的無遺物埋藏地層極可能是洪水氾濫所堆積造成。整體推測，下文化層的人群原本居住於河邊，後來在距今約 800 年前左右因河川氾濫，致使離開原居地而他移。約略再經過 200 年，當環境再度穩定後，才又回到故地居住。

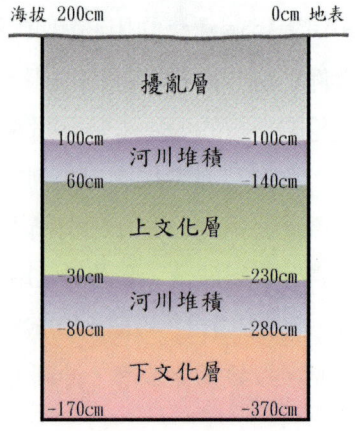

圖 1-12　淇武蘭的地層

　　以遺物埋藏的密度而言，上文化層顯然較為密集與豐富，下文化層的遺物密度較低，部分區域或無遺留堆積。因埋藏物的密集程度大致反映當時人群的多寡，以此看來，下文層時代的村落居民較少，到了上文化層時代則居民人數大量增加。

（四）出土遺物

1. 陶器

　　在各種出土物中以陶器的數量最多，但是埋藏於地層中的陶器因為長時間的擠壓、擾動，致使絕大多數都已成為各種狀態的破片。統計兩次發掘出土陶片共三百多萬件，後來由考古人員選擇部分陶片盡力將之復原，最後共計完成一千件以上接近完整的陶容器，此成果在臺灣考古工作中亦屬少見。

---

[2] 每個地點的地層略有不同，此處參考第一次發掘的 A 區（陳有貝等 2002）。

淇武蘭的陶片特徵大致和製造的年代相對應，早期（下文化層）的陶器種類、形態較多，常見為質地較軟，器表有各種幾何紋飾的陶罐；晚期（上文化層）則幾乎僅以一種形態為主，即質地較硬的幾何印紋陶罐。以下就陶器的整體概況做簡要說明：

一般而言，早期居民的自製陶器是以質地較軟，表面飾有幾何紋飾的罐形器為多，另還有瓶、缽與其他器形等，部分可能來自其他地區。整體可舉以下四件器物為代表敘述之（圖1-13）：

圖1-13　代表早期的四種陶容器（比例不一）

編號M050001，標準的幾何印紋罐，代表本地的傳統器物。

編號M056003，瓶，陶質與本層主要陶器相同，屬本地製造，或帶有圈足，數量不多。

編號P09112100，體形頗大的大型罐，帶橫把，小圈足，無紋飾，質硬，推測是來自東部地區的外來物。另外也出土「扁壺」形陶器，應也是來自東部。

編號P03007016，侈口折肩圈足罐，器身有圈印紋，本件的器形與質地都和北部淡水河口之十三行遺址的出土品類似，故推測是來自北部的外來物。

藉由上述說明下文化層主要為傳統印紋陶罐，並兼有非罐類容器的製造，及來自蘭陽平原以外之南、北部的外來品。

到了晚期的陶器幾乎皆是罐形器,而且形態非常單一。基本外形是短頸、圓底,表面尤布滿各種幾何形紋飾。有些的器體製作得非常輕薄,但大部分在器表上沾有煙炱痕跡,應是日常生活中實用的器具(圖1-14)。

另外僅有所謂的「甑」,用做炊蒸的容器之用。器形是由兩件罐相疊黏合而成(參見圖3-4),中間有鏤空的隔板(或上方罐底穿孔),使用時將下方的罐內承水,藉由燒熱時產生的蒸氣將上方的食物蒸熟。蒸食是東亞地區常見的食物加工方式,在淇武蘭早期是使用器底帶孔的缽與罐疊合為甑,至晚期則改為疊合兩個相同的罐。換言之,方法雖不同,但飲食行為仍相延續。

陶器是新石器時代以來人類生活之重要產物,兼具實用功能及風格表現之特性,故常成為考古研究的重要分析對象。有關淇武蘭陶器意義的進一步探討可參考本書後述(如第八章)。

圖 1-14　晚期的典型陶罐

2. 瓷器與硬陶(圖1-15)

本類標本數量亦至為龐大,在種類方面,瓷器多見碗、盤、杯、瓶、匙、碟等;硬陶多見罐、甕、缸、缽、盆、壺、盞、爐等。另外還有安平壺、火爐、磚瓦等類別。

安平壺的總數近1,800件,其中還有150餘件接近完整或半殘,可以完全復原得知原來器形。製作方法皆為上、下兩段接合成形,有些外形粗略歪斜,器物本身似乎不是很被當時社會所看重。安平壺多出土於生活文化層,部分也見於墓葬,有些頸部尚有草繩纏繞,

圖 1-15　外來的陶瓷

可能原有封裝液體。關於本器種的研究不少，但目前對於其功能尚無一致有力的推斷。

　　瓷器共 6,000 餘件，以青花瓷最多，其他亦有五彩瓷、青瓷、白瓷、褐釉瓷等。數量上多出土於文化層，但墓葬中也見有完整的青花玉壺春瓶及碗、碟等數種。

　　硬陶共 2 萬餘件，可區分為無釉與褐釉硬陶、綠釉硬陶、無彩與多彩的紫砂胎器等，不少器形完整或可復原。

　　火爐殘件較少，可觀察有煙炱痕；磚瓦類以紅色與灰色系為主，用途未確認。

　　上述器物皆屬外來品，推測產地多出自中國東南沿海的福建、廣東窯址，以及東南亞等地，零星亦有來自日本等。年代上，器物本身不少是屬於 16～17 世紀之產品，且絕多數皆出土於上文化層。另據近年的深入研究，極少數出土於下文化層的器物有可能早至 9～11 世紀（盧柔君 2017）。

3. 石器

史前臺灣在進入鐵器時代之後，石器的種類與數量大減，尤其是器物本身是需要具有刃緣或特定外形要求者，這方面因鐵質物有較好的效能（可製作銳利的刃面及形塑理想的外形），故多被鐵器所取代。例如石鏃、石刀、石鋤等新石器時代常有的器物皆已少見，僅剩下如石錘與磨石等類，淇武蘭遺址的情形亦不例外。

淇武蘭的上、下文化層的石器都是以磨石和石錘類最多（圖1-16），這類器物一般沒有固定的外形，都是當時因應各種狀況而選用不同形狀的石材製作，或直接使用。不少石錘呈現集中打擊或多邊利用打擊的狀態，磨石亦是常見多邊同時具有磨痕，表示此類都是長期被廣泛使用之器物。

圖1-16　磨石（左）和石錘（右）是當時最常見的石器種類

除小型石器外，週邊環境中的各種石材也被利用於生活中，如以石板鋪成的地板，或是村落、河邊的步道。早期更是常見以石板作為墓葬的棺板，並以較大型的石頭置於墓葬上方，作為墓葬的標誌。

另在一些層位不明的地區（如舊河道堆積）出土了單件的磨製石斧、網墜、石鏃等石器。因這些器物一般屬新石器時代所有，加上出土層位不明，故暫不認為是本遺址鐵器時代層位的埋藏物。至多僅是提示於鐵器時代之前，本區域亦可能有少數新石器時代人類的活動。

4. 金屬器

在各種金屬器中，以鐵質器物最多，其次為銅器，少數為其他金屬。

其中，下文化層的金屬器較少，種類上僅以鐵刀類較多。

上文化層的金屬器之數量急增，尤以鐵製品最多，並以鐵刀最富代表性（參見圖 10-4）。鐵刀在原住民社會中是一種多功能性的重要工具，凡各種生活所需，常都離不開鐵刀。本遺址出土的若干鐵刀形制和近代原住民社會中常見的鐵刀並無太大差異，若干出土時尚還留著刀鞘或把柄，保存相當完整。

其他的鐵製品包括晚期農業用的割耙刀，代表已有某些更專業農具的使用。鐵製的槍頭與箭頭則表示狩獵活動的存在，其他尚見各種細小的鐵釘、鐵線、鐵片等用具。縱使該時代的鐵製材質具有稀少性或價值性，但從本遺址鐵器普遍存在的現象看來，輸入鐵器對於淇武蘭村落而言似乎並不困難[3]。

金屬製的器物尚有不少為小工具、器物配件或裝飾品等，材質包括鐵質、銅質與鉛質，做成各種環狀、線狀、片狀或針狀物等，多呈現外來風格。此外，古錢的材質亦屬金屬，後文再加說明。

5. 木器（圖 1-17）

木材於自然環境中普遍存在，而且材質易於加工，可能有廣泛、長久的運用。惟因木質材料保存不易，導致一般遺址中的木器出土資料相對稀少，僅見於保存條件較佳的特殊環境中。

淇武蘭的埋藏多位於河床下，可維持於較穩定的潮濕環境中，故保留下不少木器，為臺灣考古所少見，其中如一件竹編籃，出土之際幾乎仍近完好（圖 1-18）。

---

[3] 遺址曾出土 1 件陶範（陳有貝等 2008：6 冊，57），但是否即為本村人有金屬物製造之證明？抑或僅是 1 件外來物？證據力尚待加強。

图 1-17　各種木製品

　　由出土物復原後可知,淇武蘭居民廣泛使用各種木質材料,從較大型的建築結構物到小型生活器物、附件等,種類至為多樣。如與飲食相關的食具;狩獵用的尖器;農業用的木鏟;行舟用的木槳;織布機用之組件;裝飾品的木梳;玩具中之陀螺,以及如木尺、木雕等。以下選擇部分種類說明:

　　可辨別的食具相關種類包括碗、盤、蓋、匙等,但外形變異大,似無一定規制,且本地飲食方式與漢民族不同,所以這些食具名稱只是據器物大致形狀所命名,而不指涉其功能,如淇武蘭人是以手掬食,故所謂的「碗」並非如漢人般用來盛食就口。

　　木杵與木臼:淇武蘭所出土者亦如一般農業社會常見之杵與臼。據噶瑪蘭的文獻可知,村人每日取其食用所需之米的分量,再以杵臼

图 1-18　竹編籃的出土狀態

去殼，炊煮食用。此外，也用杵臼來製作如麻糬、黏餅等類的食物。

木鏟用於農業翻土，淇武蘭有件木鏟出土於下文化層，長約 88 cm，器形幾近完整（圖 1-19）。臺灣的史前遺址常見各種打製石斧，復原後為短柄的鋤地用農具，至於長柄的木鏟則極少見。據原住民相關文獻，傳統生活似無使用長柄的鏟。而同為東亞海島的日本約在彌生時代以後才常見有木鏟，此時間點約是在大陸文化與移民大舉影響後。參考上述訊息，淇武蘭的木鏟亦可能是受到漢人的影響所產生。

另發現多件較完整之木槳（圖 1-19），長度在 1 m 以上，出土於上文化層。過去臺灣極少發現舟船遺物，本遺址的位置鄰近河川，槳的存在直接證明河川航運的使用。較可惜是尚無舟船本體的發現。

圖 1-19　木鏟與木槳

1件長37 cm，寬3.7 cm的長方形扁平狀木條，整體形制較規整，類似「尺」狀，但器面上沒有明顯的刻度。本件器物若是確有尺的功能，那麼它的意義將是非常值得重視，因為傳統原住民並無度量衡的觀念，這類物品的出現想必是後來與外界進行貿易行為的產物。

　　本件尺狀物的另一個特殊處是表面刻劃有兩艘帆船的圖樣，從線條的整體風格判斷，應是出自噶瑪蘭人之手。圖畫中的船隻外形似中式帆船，即所謂的戎克船，其中一艘船邊還繪有撒網與魚群，呈現當時原住民之感官景象。在各種遺物表面刻劃圖案雖是淇武蘭常見特色，但是卻較少有如此寫實的圖樣（圖1-20）。

　　這件器物究竟是否為「尺」？是外來品還是本地製造？圖繪的刻劃是誰所為（外來漢人或本地噶瑪蘭人）？所繪對象與目的又為何？目前多只是間接的推測，無十足有力的證據。不過，意義上它強烈隱含著「外來」與「貿易」的成分，這點無疑是相當符合當時的社會狀態。

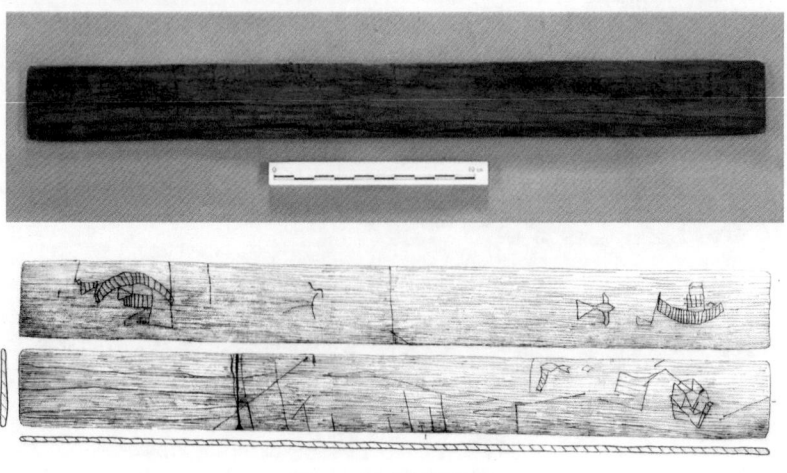

圖1-20　木製尺狀物

6. 菸斗（圖 1-21）

　　吸食菸草的行為在近代傳入臺灣，考古遺址也相當清楚呼應此點，年代上屬於較早期的遺址中皆無菸斗發現，唯有在近代受島外貿易影響之遺址始可見有菸斗出土。

　　在蘭陽平原的鐵器時代遺址中常可發現菸斗，數量不少，而淇武蘭遺址所出土的菸斗更是大量，上文化層總計達 273 件。在製作的材質方面，多數皆為陶製品，其次為石製品，少數為金屬等其他材質。其中的陶製品和石製品應該都屬自製，且因為外形沒有一致性，所以可判斷都是村民各自製作。部分的菸斗在器面上刻劃著符號、圖繪等，從痕跡的觀察可知多是在製造過程中所留下，是製作者有意識的意念表達。

圖 1-21　各種菸斗

　　一般因為菸斗的器形小，製工簡易，故容易有較多的產品製成。但社會上如果沒有吸菸的需求，自然也不會有菸斗的生產。同理，根據菸斗出土的數量與密度，不難想見當年村民們吸菸的盛況。至於這種行為對於人群或村落後來的發展有多少影響，便可待進一步的探討。

　　與吸菸行為的性質有些類似者為飲酒。臺灣釀酒的歷史可能較

久,據文獻,傳統原住民社會多能自行釀酒,《噶瑪蘭廳志》亦有此等記載,然淇武蘭自製陶容器中未見特定的飲酒器。至於是否有輸入外來酒類,目前亦不易從遺址的遺留中直接確認。

飲酒與吸菸之不同點在於前者屬傳統文化的一環,多數也見於儀式行為,富有某種精神層次的意義;後者則否。

7. 銅幣

從本遺址出土的古代銅幣共 546 件,外形均屬方孔圓幣,不少銅幣的面文及背文仍然清晰,可據以判斷製造的地區與年代等。

以銅幣本身的鑄造年代而言,時代較早者如開元通寶,或是 10 世紀末前後(北宋)的咸平元寶、祥符通寶、景德元寶等,較晚者如 19 世紀的道光通寶、咸豐通寶及光緒通寶等。製造地點則涵蓋了中國、日本、韓國與越南等地。

因為銅幣可能被多次輾轉使用,最後才傳入蘭陽平原,所以上述所舉的銅幣製造時間與地點並不能直接代表輸入淇武蘭的時間與來源區。目前推測這些銅幣可能多是隨著貿易行為,約在 17～18 世紀之間進入淇武蘭。

有關銅幣的重要議題之一便是它的功能或意義的問題。據多數文獻,臺灣原住民一般藉以物易物進行貿易交換,並無貨幣的使用。臺灣鐵器時代的其他遺址雖有銅幣的發現(如十三行遺址),亦被推測在當時是作為裝飾品,並非貨幣(臧振華、劉益昌 2001)。民族學研究者則認為在原住民社會中,古代錢幣常和有著權力或階級意義的器物一起出現,所以錢幣也是含有權威意義的象徵物(吳佰祿 2011),這種看法應也適用於蘭陽平原(李子寧 2009)。

至於淇武蘭的銅幣是否具有實質貨幣的功能?從出土脈絡分析,因為極多數的錢幣都是集中成串出自單一墓葬(圖 1-22),而且這個墓的主人是具有特別身分者,所以看來銅幣只是某類特殊人

物擁有的物品，而非具有流通性質的貨幣。

雖然淇武蘭出土的銅幣並非貨幣，但也非表示當時絕無貨幣的觀念或使用，如果當時要和外界進行大量的貿易，類似貨幣概念的運用恐怕是難以完全避免。據初

圖 1-22　銅幣成串出土

步研究，蘭陽平原常見的瑪瑙珠即可能具有貨幣的某些功能（參見第十章）。

8. 紡輪

紡輪多出土於上文化層，大部分為陶製與石製，少數有骨製或其他材質。臺灣新石器時代遺址亦常出土紡輪，形制上似以錐狀較具特徵，到了鐵器時代或晚期，部分紡輪的外形變為圓盤狀，對這種形制改變的原因尚不明。

紡輪是紡線的工具，因而常附帶有屬於女性用具的意涵，某些新石器時代遺址的女性墓葬中常可看到以紡輪當作陪葬品。不過，淇武蘭的紡輪皆不是出土於墓葬中，而是一般生活文化層。多數紡輪製作粗略，若干表面亦有各種劃紋、網狀或放射狀紋飾，以配合旋轉使用時可表現出特殊的視覺感受。

9. 骨角器

以動物的骨、角、牙等材質製成器物為史前以來常見，在鐵器時代因鐵製工具的有效利用，導致骨角製品更為蓬勃發展。淇武蘭遺址的骨角器多出土於上文化層，材質多來自鹿科動物，主要做成各種較小型器物，如尖器與各式裝飾品等。

尖器類多屬矛頭或箭頭等漁獵用具，在臺灣遠從舊石器時代（如八仙洞遺址出土）即有類似的帶尖骨器，到新石器時代更不罕見，並一直持續到鐵器時代晚期，可說是相當具有延續性的器物。

由於骨質材料的堅硬、細緻、平滑，以及可加工等特性，故也常被做成人身裝飾品。本遺址所出土的若干骨質裝飾品頗為細緻，例如其中一類為穿孔排飾，器身多呈長方形，側邊一排穿孔，貫穿器身，應為項鍊類飾物之組件，於近代原住民的物質文化資料中亦可見類似品。淇武蘭所出土者在部分器身尚雕有幾何紋飾，呈現噶瑪蘭風格。

有一些骨器則呈長板狀，器身上帶有整排穿孔，推測原或為髮梳。若干製品則是骨製的髮簪，器身上帶有細緻的雕飾，亦呈現由幾何紋所組成的噶瑪蘭風格，看得出當時對裝飾物的講究（圖1-23）。

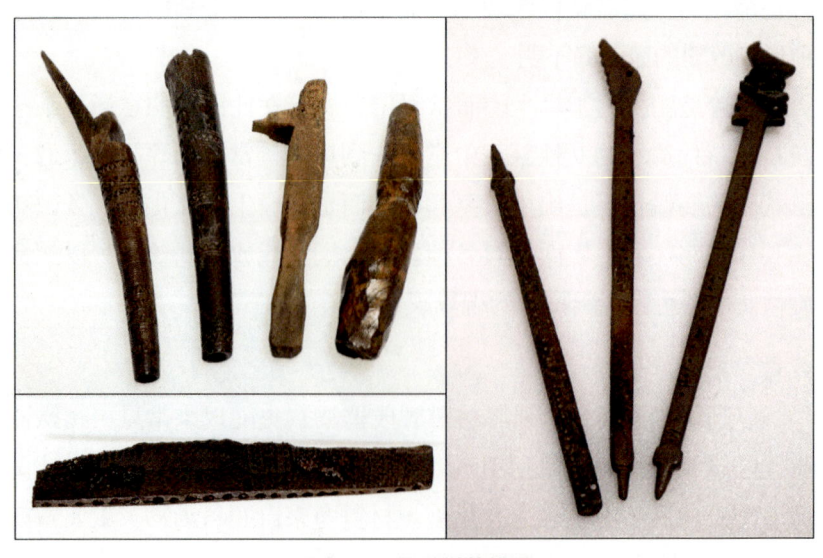

圖 1-23　骨角製裝飾品

上述裝飾品也見於墓葬中的陪葬，從出土位置觀察，有些應是死者自身的裝飾品，有些則是生者贈與死者的物品。

10. 貝器

本遺址出土的貝類遺留數量龐大，絕大多數都是當時人類食用後丟棄的貝殼，極少數才是經過人為刻意加工製成的貝器。這些貝器的性質多屬裝飾品，種類包括如前述骨製的穿孔排飾，以及耳飾、貝珠等（圖1-24）。

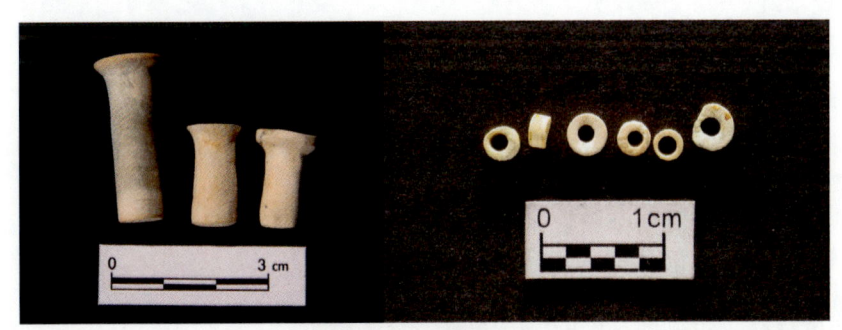

圖1-24　貝製裝飾品

在耳飾方面，多製成卯釘狀，即一邊呈圓盤狀，一邊為柱狀，類似的器形也見於臺灣原住民社會，一般可直接塞於耳洞作為耳飾之用（如泰雅族文物）（阮昌銳等1999：122）。臺灣新石器時代遺址（如大馬璘遺址）也曾出土類似外形的石製品，亦被推測為耳飾。

貝珠，極小的圓管狀物，屬裝飾品之組件。同樣器物常見於臺灣原住民社會，做成如貝珠衣，或裝飾於其他各種衣帽服飾等。臺灣新石器時代遺址（如墾丁遺址）亦有出土，而東亞的島嶼如琉球、日本也可見類似物，然基本製法並非全屬一致（木下尚子1999）。

就史前臺灣整體而言，島上僅有特定區域或時代（如墾丁地區或部分臺南科學園區的遺址）才有較多的貝器，其他以貝殼當作器

物材質的行為並不普遍,淇武蘭亦是如此。貝殼材質有其特點(如質地細緻、表面紋路美麗),觀察近代民族學標本亦可知,貝製品確實是臺灣原住民相當喜好的材質物品,然為何在史前遺址中卻少見,原因不明。

11. 裝飾品

裝飾品是本遺址出土物中的一大類別,據材質大致可區分為瑪瑙製品、玻璃製品、金屬製品,以及其他等。

(1) 瑪瑙製品

瑪瑙類飾品乃加工自自然界可得之礦石,具光澤,質地呈半透明,多為紅色或紅褐色系,少數攙雜其他顏色。基本上,瑪瑙飾品可自製,但發現的半成品或加工過程的廢棄物較少,而少數殘件亦無法判定是製造中損壞,抑或使用中損壞,所以目前仍多視為外來。

淇武蘭瑪瑙飾品之主要器形為帶穿孔的長柱狀、梭狀(橄欖狀)或球狀,可統稱為瑪瑙珠(圖 1-25)。

淇武蘭瑪瑙珠的數量以上文化層較多,下文化層相對較少,全數約有近一半是屬於墓葬陪葬品,其他出土自生活文化層,整體的散布區域亦廣。出土時或和其他飾物共伴存在,或單獨被發現,無明顯的模式。

圖 1-25　各種瑪瑙珠

在近代原住民社會中，瑪瑙珠是相當常見的裝飾物件，多數或和其他物件一起組成整件裝飾品。值得注意的是晚近常有原住民家裡收藏單件或數件瑪瑙珠（即非整件裝飾品），其器物本身似乎亦具有某種價值或意義。且據文獻記載，瑪瑙珠常是原住民與外界進行交換時所偏愛的輸入品，有時也可用來買賣貨物，似同時具有實物價值及部分貨幣功能。

在遺址的上文化層還出土數件體型較大的瑪瑙珠，形似較小型的橢圓雞蛋，長徑約 4～7 cm。其中 1 件表面光滑潔淨，形制精美，然出土處並非在遺物密集的區域，而是在幾乎無其他遺物分布的單獨地點，是否是刻意埋藏或有其他意義，目前不明。

大型瑪瑙珠過去甚少記錄，也從未有出土自遺址的例子，是相當罕見的噶瑪蘭器物。無論在象徵意義或實際價值上，可以想見大型瑪瑙珠必定有特別的定位，遠高過於一般的瑪瑙珠。

(2) 玻璃製品

玻璃由自然界的礦物經燒製而成，極少數臺灣史前社會才具燒製玻璃的技術（如一千多年前的舊香蘭遺址）。淇武蘭遺址內並無具體發現此類行為，故淇武蘭的玻璃物品亦屬外來物，至於來自何處，通常須根據質地等特徵才能加以推定。

淇武蘭遺址的玻璃物多以珠飾的形態出現，少數為環或玦等種類之飾物。玻璃珠常和其他裝飾品物件一起出土，顯示它是整件裝飾品中之組件。根據發掘記錄，出自於墓葬者較多，出土於一般生活面的數量較少。惟這種現象不等於表示玻璃珠即多作為墓葬中的陪葬，少實際使用，而是和發掘的技術與方法有關。即因多數玻璃珠的器體極小，不易在生活文化層中被發現，而墓葬的埋藏範圍特定，故能在仔細的發掘過程中發現細小遺物。例如以器體較大的金珠飾品為例，發現於文化層中的數量便大於墓葬。

考古上一般所統稱為玻璃珠的一類,實質上有各種不同的形態。從本遺址出土者大致可分為器身夾有金箔的金珠類(圖 1-26),及單純的帶孔小珠等兩大類。前者的器形較大,形制固定,製工較繁瑣,特徵相當突出,而且僅見於上文化層,數量亦多,具代表性。推測在淇武蘭遺址的晚期,社會上開始流行使用這類金珠,基本上為裝飾品之組件,但極可能也具有一定之實質價值。

單純的帶孔小珠之器形小,形制單純,製工相對容易,很少單獨被使用,而是多個或和其他飾件共同組合成整件,這種情形可以從出土狀態獲得確認(圖 1-27)。對於本遺址出土者,可根據質地與外觀再細分出數十類,而且下文化層和上文化層的玻璃珠似乎不大相同,推測可能有多處不同的來源。

據民族學調查研究,若干原住民社會中的某些特定珠飾乃具有社會象徵意義(如排灣族的琉璃珠)。相較於此,淇武蘭的玻璃珠之器形較小,外觀變化相對單純,故是否有充足的社會意義,尚難以斷言。

另一類的玻璃飾物為玦與環,上、下文化層皆有出土。從殘件與大小,可判斷應有耳飾及手環等種類。在各類裝飾品中,

圖 1-26　金珠

圖 1-27　墓葬中玻璃小珠群聚出土

玦與環的出現年代很早,在不同的時空也有各種質材的應用,臺灣從新石器時代以來便常見有玉石製、陶製、骨製、貝製等(陳有貝2015)。其中,玻璃質的製品多出現於鐵器時代,基本上也可視為是延續新石器時代以來的裝飾概念,再應用於新材質的使用。其他如指環類飾品不見於臺灣新石器時代,僅見於年代極晚之遺址,推測應是受漢人的裝飾概念影響。

(3) 金屬飾品

金屬製成的裝飾品數量非常多,其中又以銅製品為最,少數有鐵、鉛、金、銀等材質品。不少屬細小的裝飾品組件,外形如片狀、線狀物或小鈴鐺等。其他亦有直接作為手環、耳飾、髮飾及項飾等。

在外形方面,以環形物最多,有些本身為線狀,應是用來串接其他飾物的組件。有些器身呈片狀,或是較粗厚,可能直接使用,據環徑的大小推測,應有手環、耳環與指環等。

另有金屬製的髮簪,器面多有紋飾,呈現漢人風格。但如骨製品中亦有髮簪,器表紋飾則呈現噶瑪蘭風格,兩類材質的髮簪之製作源頭不同、風格不一,呈現極清晰的對比。

小鈴鐺的數量不少,這種鈴鐺的頂部帶有一孔,可用來繫綁在服飾或其他飾物上。其中一類最大的特徵是器面上鑄有人臉紋飾(圖1-28),仔細觀察還可見紋路各不相同,似乎不是用少數固定的模板所製。器表的人臉呈現各種表情,尚難確認是否各有不同含意或用途?類似的人臉鈴鐺亦見於其他鐵器時代的遺址,應是當時某些社會常見的流通物。

圖 1-28　小鈴鐺

另發現兩件金屬材質的卯釘狀耳飾。卯釘狀是原住民常見的耳飾形態，遺址中尚有木質與貝質者（如前述），應該都是村落居民所自製。值得注意的是金屬製品基本上被視為外來物，卻何以出現具有原住民風格的卯釘狀耳飾？一種較可能的解釋便是村落居民將外來鐵器再行加工處理的結果，也就是淇武蘭的居民擁有將外來鐵器重新再打造加工的能力，這和《噶瑪蘭廳志》：「得鐵，則取澗中兩石自槌之，久亦成器」所言一致。

　　金屬飾品中最引人注意者之一便是所謂的「金鯉魚」。遺址出土2件近乎完整的魚形金屬編物，器長分別是27.4 cm及38 cm，器身是使用較粗的金屬線彎曲製成，製工相當繁複，形態似魚，從墓葬中的所在位置可知是掛在胸前的項飾（參見圖10-2）。類似的器物在菲律賓巴丹群島亦有發現（洪曉純 2016），其和淇武蘭出土者的關係頗值得再研究。

　　專以噶瑪蘭為記錄對象的近代文獻（參見第十章）中曾多處提及稱為「金鯉魚」的器物，並必強調其貴重性，現在從考古資料看來，遺址所出土之魚形金屬編物應就是文獻中所言之「金鯉魚」。金鯉魚的珍貴意義何在？如《噶瑪蘭廳志》提到「誇為祖製，雖貧不肯鬻於人」，多少表明此非一般的買賣交換可得，暗示這種器物的象徵意義乃大於實質貨品價值。而象徵意義會不會和所謂的「祖製」有關？若意義上是來自祖先之物（無論事實是否如此），自然帶有某些神聖性。

　　進一步還可以探究的是：外形為魚的模樣是否擁有特殊含意？噶瑪蘭的傳統圖案中也有些魚的形象表現，如第一次搶救發掘時所採集到的1件「木刻雕版」的外形也是相當具體的魚形（參見圖11-10），這件雕版表面所刻劃的即是傳統的祖先像。如此，連貫金鯉魚

與木刻雕版的表現，似乎可以看到「魚」和「祖先」的關聯意義[4]。

12. 生態遺留

遺址內出土有關自然生態方面的遺留可分為植物、動物及貝類等三類。

(1) 植物遺留

植物類別中以種子最多，可區分為可食用與不可食用者，前者主要有稻穀、桃子、林投、番石榴、桃、梅、破布子、花生及各種瓜類等；後者如榕或樟等，應是被取來作為建材。

於各種可食用種類中，又以稻穀最常見（圖1-29）。稻穀常出土於灰坑，據觀察，稻穀的形態呈現多樣，應非只有一個品種，甚至也不排除可能有接近野生稻者。針對這種現象，一種原因是當時稻米栽培技術尚未達至穩定，以致品種內的變異仍大。但在同一個村落中竟會有諸多種類並存，顯然這種解釋仍然不足以反映事實。另一個可能因素是和本聚落的性質有關，筆者曾根據存在於遺址的種種現象推測過去的淇武蘭是一個對外貿易非常興盛的集散地，附近村落的物產可集中於本地點，以和島外來的商人換取各種物資（參見第十章）。而在平原上噶瑪蘭村落的對外交換物資中，稻米可說是最重要之一項（陳宗仁2010）。若此，便可理解這是因為稻米來自各

圖 1-29　稻穀

---
[4] 魚，在若干神話中常具有特別的意義，但對於噶瑪蘭尚無考據。

個不同村落，所以才會在淇武蘭同時出現差異頗大的形態。

在其他食用植物方面，有桃、李、梅或瓜類、林投等，這些也可見於文獻的記載。有趣的是從漢人（文獻）的角度多半提到這些瓜果的食感極差，所以除了是原住民所栽種的品種和漢人不同外，兩個族群的味覺感受有所不同應該也是重要的原因。

(2) 動物遺留

動物遺留中可以判斷的種類有鹿、羌、豬、牛、狗、鳥、魚等，其中以鹿科動物、豬及禽類的骨角遺留最多。

有些骨角上可見有火燒或刮削、切割的痕跡，此皆屬人為作用的結果，尤其多和攝食行為有關。部分似有穿孔或銼磨的痕跡，應是預備作為骨角器之用。

動物遺留常見於灰坑，是食用後的丟棄所造成。也有在幾何印紋陶罐中盛裝獸骨及鹿角的例子。較大件標本之一是發現於上文化層之最上層位的牛骨，整體近乎完整，且仍維持骨骼的原位狀態排列，顯然未經食用。

墓葬中亦可見有獸骨、獸牙，或如鹿的下顎骨等，擁有此類陪葬的墓數約占全墓葬數量的三分之一，行為比例不低。有些獸骨則是出現在墓穴或蓋板上方，因此除了被單純當成陪葬品外，部分或許是儀式行為之祭品。

(3) 貝類遺留

貝類出土總重量將近 3,000 kg，種類百餘種，多屬海貝。大部分皆可食用，以文蛤最多，其次為牡蠣、蜆、錐蜷、耳螺、海蜷螺等。從貝殼的缺損狀態，大致可以復原當時對於不同貝類的取食方式，而遺址中出土的石錘或許便和錘擊貝類的取食行為有關。

一直以來，貝類都是人類的重要生業資源，淇武蘭人應經常到

海邊、潮間帶撿拾可食貝類，攜帶至村落食用後丟棄於河邊（貝的殼體銳利，通常被成堆棄置在生活地點外）。較為特別的是不少史前社會喜好利用貝殼做成各種器物或裝飾品，但淇武蘭遺址出土的貝器極為有限，顯然當地人群不重於此。

13. 圖案、符號與圖繪

不少器物的器身上出現有各種刻意加上的紋樣，就意義而言，除了純粹作為裝飾外[5]，尚可界定為：較具模式的「圖案」，及進一步帶有標示目的之「符號」，及具寫實或象徵意義的複雜「圖繪」，基本上整體皆無文字的功能。

從產生的方法區分，主要有拍印與刻劃等兩種。前者多見於陶器表面，即在製陶過程中，於陶土捏塑成形後，使用帶有紋樣的拍板拍打器表，留下固定的紋樣。淇武蘭數量眾多的幾何印紋陶罐便多是利用這種方法施作紋樣；後者是使用尖銳的工具在器物表面刻劃下各種紋樣，常可見於陶、木與骨角製品的表面，因為紋樣是個別刻劃，所以不會有完全相同者。

若從施紋對象區分，則大致可分陶容器與非陶容器等兩類。陶容器中有一類紋樣是拍印的幾何圖案，這種紋樣對於當時自製的陶罐幾乎是絕對必要，可視為維繫傳統文化的一種表徵（參見第九章）。尤其某些圖案時常出現，令人感受到一種噶瑪蘭風格的形成。另一類是用尖器刻畫上帶有「符號」性質的紋樣，多半出現在陶口緣的內側（圖 1-30），這類陶罐在上文化層中約占全體的 1%。其中有些紋樣帶有類似性，歸納後共可分類成一百多種（詳細可參閱發掘報告書 4：表 6），但皆未及文字的條件，僅可能是表示製造者、所有者、使用者，甚至是使用方式上的標示記錄。

---

[5] 如紡輪上的同心或放射狀紋樣應是以裝飾為目的。

圖 1-30　陶器上的刻畫紋樣

在非容器類方面，常見個別繪於陶菸斗、裝飾品與木器上。在近 300 件的自製菸斗中，共有 30 餘件以上繪有紋樣（參見圖 1-21）。由於多數紋樣皆無顯著的一致性或重複出現的情形，故應是個人所為，目的除了裝飾外，推測也帶有「符號」或「標誌」的功能，以宣示或暗示該件菸斗財產的所有。

部分的菸斗以及一些裝飾品如骨簪，或是木製器物、構件的表面有時可見刻畫的人像，其中有一類為帶高冠的人像圖繪，被認為是祖先像的象徵。又，祖先像的旁邊常伴隨一些特定圖樣，如表現銅錢形狀的方孔圓形，亦被研究者認定含有神聖的象徵意義（李子寧 2009）。

相對而言，「寫實性」的圖繪較少，具代表性者如前述「木尺」上的船、網、魚等。

綜合看來，淇武蘭社會中有不少基本的圖案，我認為這個原因和來自傳統容器上的幾何印紋有關，因整體風格所見，似都在幾何紋飾的基礎上所發展出來。若干較簡單的紋樣屬個人意志所為，有時是帶有意義（如製造者、使用者、擁有者）的符號表徵。若干較複雜的刻畫圖繪不僅是寫實或藝術上的表現，且含有精神象徵層次上的意義。

本類資料非常有助於探討當時的社會發展狀態，特別是針對非物質文化層面，如前述提及的財產私有問題，或是眾人共同意識的形成等（參見第九章）。

以上綜合簡要說明了淇武蘭遺址所出土的各種考古遺留，這個遺址就像是一處埋藏著噶瑪蘭長遠歷史文化的寶庫，透過發現、發掘與研究，讓它的過往可以重新再被認識。

第二章
淇武蘭遺址的保存與展示

一、前言與說明

　　一般外界對於考古發掘的印象常停留在野外的挖掘現場，想像因地下古物的新發現，可重新揭開我們所好奇的古代歷史。然而，事實中的考古工作卻較此繁複許多，野外發掘僅是其中的片面一環。近代考古學多強調本科的科學性質，主張發掘的目的乃基於對學術問題的探討，故必要先有嚴謹的方法設計，始有野外的實地調查與發掘，再經科學化的資料處理與分析，以完成發掘報告，向學界與大眾提出考古資料。

　　除上述學術性的目的外，近來對於考古工作的看法也有明顯的改變。大致從 1980 年代以來，臺灣的文化資產日漸受到民眾與政府的重視，法律上也開始有具體的文化資產保護條例，另再配合著各地博物館的快速興起，使得本來從事於純知識探索的考古學者也不得不重視這個趨勢。換言之，現代的發掘除了仍強調學術研究的精神外，也關懷如何對社會民眾公開各種考古文化資產，或是協助博物館的典藏與陳列展示等工作。

　　現今，考古學與博物館這兩個領域的攜手合作儼然成為常態，這個趨勢有相當正面的意義，一方面讓考古學者體認在發掘與研究之外，作為歷史見證的遺址與遺物之另一種功能與價值。另一方面，從事博物館工作的人員也能藉由研究者們的加入，進一步接觸客觀的學術資訊，並思考如何將此知識傳達至一般大眾。

筆者從參與淇武蘭遺址的發掘與研究以來，亦感受到考古工作與社會大眾的相關性，故試以一個發掘者的立場，提供以下看法以資作為淇武蘭遺址未來保存與活用的規劃參考。

二、淇武蘭遺址的意義

面對現代為數眾多的遺址發掘，廣設博物館被認為是處理與保存考古出土物的基本策略之一，但須因應遺址特性的不同，就個別條件加以檢討，以擬定最佳的保存處理方式。

欲制定保存淇武蘭遺址的最佳方案，首先即要認識淇武蘭遺址的意義所在。筆者過去曾經提到淇武蘭有堆積有序的地層以及完整、多樣的考古埋藏，此乃是最特別與珍貴之處，但這是純就一個考古遺址本身的條件而言。另在知識面的意義上，可據以比對文獻所述的噶瑪蘭舊社，並藉生態環境、家屋建築、生活器物、墓葬行為等完整的資料脈絡，認識其文化內涵的持續與變遷，或觀察本社與外來族群的接觸與互動過程（陳有貝等 2002）。

上述無疑是本遺址工作的最大收穫，也是對未來發展的一個期待。此外還有在社會面向上的功能：

考古上的淇武蘭遺址、歷史文獻中的淇武蘭社及現代的淇武蘭村，這三者其實是同一個村落在不同時代的表現，而且它的主人：噶瑪蘭平埔族群於今天仍依舊可尋，這些在在顯示出遺址與現生族群的密切關係。換句話說，這個遺址連結了蘭陽平原的歷史、噶瑪蘭族群與當地現代社會。在淇武蘭出土的各種遺留物中有很多是和近代噶瑪蘭人的日常生活息息相關，甚至還存留於某些群體的集體記憶之中，遺址正如他們過去生活的縮影，包含了物質器物、風俗文化與生活習慣的記錄。其中還能舉出若干含有噶瑪蘭歷史文化之

特殊意義的遺留，例如特有的墓葬形態、高冠人像的雕刻圖樣等。

所以，淇武蘭遺址除了是個凍結於時空中的考古資料庫外，也是與現生土地、人群密切相連的生活博物館，這層關係是和一般史前時代遺址最為不同之處。

三、遺址的再現

「展示」是溝通民眾與考古遺址最簡單、重要的一座橋樑，在這座平臺上，學術性的研究資料被化為對人類文化的普遍知識，民眾得以藉此一窺知識的真貌，並進一步適時回饋至展示者與研究者。

近年來，臺灣尤以博物館作為考古展出空間的案例明顯提高，且不只侷限於借用傳統博物館的空間一角作為展出，而是整體規劃以考古議題為主的博物館展出，甚至一座座大型的博物館本身就是因應考古遺址而誕生，所有設計的軟硬體皆是以遺址為中心。最典型的例子便是位於臺東卑南遺址的國立史前文化博物館，或是位在新北市十三行遺址的十三行博物館等。這類博物館通常就位於遺址地點，遺址本身即為展示的重心，並可從此發展出更廣闊的學術定位，例如史前文化博物館的規劃目標即是以卑南為起點並擴展至臺灣或海外，以成為太平洋與遠東地區古文化研究的學術重鎮（連照美1989）。

次一類較小規模的設計為地域性的鄉土資

圖 2-1　小型的鄉土博物館（隆田）

料館、歷史文物館，或遺址公園等形式。資料館或歷史文物館通常以室內展示為主，有時也可包括一部分較小的野外公園，基本上是較適合於郊區、鄉間地區的形式。此類建築不限於建造於遺址地點，而需考慮的是一個便於長期維持、管理的機制，通常展示內容以當地附近遺址或地域考古文化為中心。國立臺灣大學在 2006 年於臺南發掘南科國小遺址及石橋遺址後，在官田區所設的隆田考古工作站及展示館[6]（圖 2-1）即屬此類。

地域性遺址公園的內容重心和資料館或文物館有別，由其名稱亦可瞭解基本上是以野外展示為主題，有時也配合若干室內建築陳設，是一種結合公園性質與歷史文化活動的設計。簡單來說，便是自然、親切有內涵的大眾公園（圖 2-2）（呂理政 1999）。

最小規模的展示方式常是發掘當時的臨時陳列（圖 2-3），或是於遺址所在地設立內容解說牌板與標誌，此種方式有實際必要與現場意義，然形式過於簡單，只視為一種暫時性的作法。

試比較以上幾種遺址的展現方式，大型博物館通常強調周全的整體展出，有較多的軟硬體資源，但相對上也需要較多與長期的人力、物力支援。文物資料館是以小型的室內展出為主題，對於各地域的文化資產有保護的功能，也有易於普及大眾的意義。遺址公園則是將遺址的意義寓含於自然野外的形式，藉由

圖 2-2　復原古代生活的遺址公園（卑南）

---

[6] 本館已於 2018 年改屬臺南考古中心。

民眾的親身接觸，體驗過去的文化生活。各種方式皆有優劣，但若考量目前臺灣社會現狀，則應多加提倡各地的小型資料展示館，一方面以解決考古文物的典藏與保護問題，另外則可將知識融入社區的文化環境，有效普及至國民大眾（陳有貝 2001）。

圖 2-3　在淇武蘭村內辦理展示

　　針對淇武蘭遺址之個案，什麼才是一個最合宜的保存與展示機制？就理想與各方條件而言，我認為應以尋求一個能緊密結合社區生活的遺址公園為目標，理由如下：

　　所謂「遺址公園」究竟是該以公園效能為主要考量，還是朝向遺址教育展示為目的，此點曾引發一些不同的意見，然而在淇武蘭，這兩個目的恰可以結合在一起。主要關鍵點正是如前所提及，淇武蘭遺址與現地族群息息相關，這個遺址埋藏有族群地域文化的發生源頭與過去歷史，要呈現它本質的最好方法便是實踐於一個原生、自然、現生的展示背景。

　　相對於博物館等日常生活以外的現代建築，社區性的公園不只是民眾休閒活動的地方，而且也是進行各種文化與社會活動的場所（如宗教節慶聚會），與村落居民直接而密切。所以若能創造一個橫跨過去與現代，屬於淇武蘭村落、噶瑪蘭族群與蘭陽平原環境的遺址公園，不僅可維續基本的保存、展示、教育等功能，亦是最能發揮本遺址之特色所在。

　　在大環境上，臺灣已有幾個頗具規模的考古專業博物館，我們的社會是否尚有能力可滿足一個新的大型博物館所應有的資源？故

何不尋求以不同特色方式呈現考古文物的多樣面貌，蘭陽平原在各種自然的觀光主題上一向具備良好的規劃設計，而一個以社會文化與族群特色為背景、有生命與活力的遺址公園必能加入成為其中的一環。

四、從考古學立場的幾點建議

欲實踐一個適合淇武蘭遺址的公園，各種面向的完善規劃皆不可缺，基本上至少應結合休憩活動設計、噶瑪蘭文化研究與遺址考古等多方面的專家共同研討對策。以下僅從考古學的角度綜合成9點看法，以供參考：

（一）首先在地點選擇上，這是一處現生的噶瑪蘭村落所在，也是個歷史考古遺址。過去，我們從文獻中知道了幾百年來「淇武蘭」的延續與發展，現在靠著考古發掘我們又可以從這個地點看到這個過程，多重身分賦予本地點重要的意涵，聯繫了噶瑪蘭過去的歷史與現在的文化關係。所以這個歷史地點當然是公園地的最佳選擇。

（二）其次在展示主題上，淇武蘭是一個包含有住居、墓葬、各種生活活動及儀式行為等多面貌的遺址。在族群組成上屬於噶瑪蘭，但亦與鄰近族群有所往來，晚近更融合了許多漢民族要素。在年代上，淇武蘭從早到晚歷經千年以上之久，整個過程有它穩定的主流核心，也有隨著時代更迭的風格面貌。這個遺址不是一個靜態的文化沉積，不是如一個金字塔、一個宮殿、古墳或城牆可以簡單具體呈現，也不是如古蹟建築可以修復復原，而是一個複雜豐富的動態過程，如何汲取其歷史文化價值再造於遺址公園之中，確是一個相當大的考驗（圖2-4）。

（三）在生態上，近海、靠河是淇武蘭遺址的特色，遺址的地層狀態反映出當地地勢的低漥與潮濕，長期以來還有不時的河水氾濫，但這是淇武蘭居民選擇適應的環境，也是自身文化發展的原點。未來的遺址公園仍應配合當地自然環境，例如容納得子口溪成為公園內的一部分，或是引河水入公園，恢復原生植物，營造類同的生態景觀，以突顯注重結合自然與人文的原住民生活文化。

（四）在人文景觀方面，最主要的目標為古代聚落與生活環境的再現。根據遺址出土的建築結構遺存，配合處於河岸溼地的自然環境，復原當時的住居多為杆欄式房屋，人住於搭起的臺架上以取得良好的通風，臺架下則可飼養禽畜。未來的遺址公園也可利用當地的木、竹、板與蓆草等材料，仿照復原當時的建築，並讓民眾可以入內參觀，感受早期的生活情境。淇武蘭在數百年前曾是北臺灣屬一屬二的大聚落，聚落內除了住居所之外，應該還有集會所、倉庫、瞭望臺、祭祀所等建築，各個單元彼此相關，可根據實際考古資料一併復原。

圖 2-4　淇武蘭聚落（左岸），河川，稻田，構成當地生活環境

（五）在早期的生活中，生業形態為最重要的日常活動項目。基本上，農業已經成為當時生計中最普遍的產業，水稻與旱田所生產的稻米、小米是主要糧食的來源。此外，當地人群也利用河海裡的魚蝦、貝類等資源，以及捕獵各種陸域上的動物，維持食物的多樣性。動物的畜養已經相當普及，遺址內發現了充滿可能是糞便的圈欄，證明此類行為的存在。考古遺留中的生態遺留如植物的根莖葉與種子、動物骨骼及貝類等，都是說明當時生業活動與行為對象的最佳證據。

（六）與精神信仰相關的儀式行為是生活中另一類不可缺少的活動，淇武蘭所呈現出的早期噶瑪蘭文化風俗是什麼，部分可參考遺址的考古資料，部分需根據民族誌的記載推測。在考古發掘資料方面，最具體訊息多來自墓葬。一般而言，墓葬多選擇在住家附近，早期選用石板做葬具，晚期改用木質材料。各時代的墓葬有數量、種類不等的陪葬品，常見有陶罐、瓷瓶與各種身體裝飾品等，從這裡可以觀察到淇武蘭人的生命習俗與精神生活。另外，第二次發掘出土的一座石板排列結構可能是和河流祭祀活動有關，可藉復原以突顯村民與河流的信仰關係。

除了從學術角度進行客觀展示內容的推測外，仍必要尊重由噶瑪蘭人自身所作的詮釋，這也是現代博物館展示的基本精神。

（七）多面的對外關係是本聚落的特性。遺址出土物透露出當時與外界的接觸盛況，已證實的部分包括來自中國、日本、韓國與東南亞等地區的物品，其他亦可能包含至西方等更寬廣的網絡。而晚期以來輸入大量的中國陶瓷，代表著地域間頻繁的互動關係，且從其改變過程可以看到漢民族進入蘭陽平原

的過程。遺址公園雖以淇武蘭為主體，但仍應注意到上述都是構成當時地域文化的元素。

追溯淇武蘭為何得以成為一個古代多元文化的大聚落？原因就在貿易。它的來往對象遍及平原及海外，再造這種榮景將有助於突顯本村落的特殊地位。

（八）淇武蘭遺址出土的文物繁多，如何將這些器物作適當的呈現其實是相當繁雜的工作。這些「物質」除了本身的歷史價值外，更重要的是對於噶瑪蘭族群生活與文化上的意義。例如某些木質雕刻對於民眾而言，表面上或許只是一件藝術品，但對於噶瑪蘭人自身而言，可能還有深一層的族群象徵意義。又如銅錢、菸斗或各種的金屬、玻璃、瑪瑙製成的外來裝飾物，都隱含著這個時代複雜的族群接觸及文化崇尚等問題。

所謂一個完整的文化呈現，除了多種多樣的有形器物展示外，還要包含無形之意義的說明，顯然這個具難度的工作是需要各領域專門者的共同合作。

（九）淇武蘭遺址在地緣與族群上與附近村民緊密相關，未來的遺址公園也應以社區經營為導向，使之配合、融入當地的自然與人文環境，成為村人最關心重視的遺產。技術上，可由社區居民負責公園之維護、解說與營運，以結合地域歷史、文化的公園為目標。近來宜蘭縣在縣府與縣民的共同經營下，已經成為以觀光、休閒旅遊為主的人文大縣，每年可見舉辦各種主題活動。未來的淇武蘭公園亦可納入此一整體的計畫中，公園內的活動可以蘭陽平原的人文與歷史為主軸，每年定期舉辦如稻米種植、魚蝦捕撈，或是古代食物製作等。遺址公園應隨時開放，平時是社區居民休閒活動的場所，也是

兒童認識鄉土的生動教材。

淇武蘭遺址因河川治理工程而發現，隨後的考古發掘雖然延緩了河川工程進度，但最後在各方面的努力與堅持下，終能兼顧文化資產與民生工程。整個過程無論對政府的文化資產政策，或對國民的文化遺產價值認知都有正面的意義，未來公園內可記錄下此前後歷程，讓參觀者同享這段珍貴的經驗。

五、結語

臺灣在 1980 年代之後，社會開始轉向重視本土文化資產，政府亦適時頒布文化資產保存法令，加上博物館機構的快速成長，使得過去較被忽視的考古資訊能透過各種媒介傳引至一般民眾。同時為了讓這種知識在轉換過程中減少資訊的遺失與誤用，便需要考古人員積極參與其中，而這也成了當今考古學者的社會責任之一。過去的考古研究者往往只須注意學術上的客觀正確性，如今面對與一般群眾的對話時，便得重新思索如何將一個學術上的論述轉化成生活中可普遍接受的知識，以及如何從複雜多樣的知識中選擇出具有社會意義的主題。

以淇武蘭為例，在遺址保護與活用的前提下，如何利用遺址的出土物重建出一個活生生的村落歷史？如何將大量的出土資訊濃縮成最易消化的文化知識？以拉近人、自然與歷史文化的距離，涵養國民愉悅的生活，這些都是我們基本應有的關懷與責任。

註：本文修改自〈從遺址發掘到展示：對於淇武蘭遺址公園的幾點想法〉（陳有貝 2005b）。關於考古學科的性質，過去多主張在基本學術研究上的重要性，現在則有相當比重強調文化資產

面的實務意義。臺灣近年大規模的搶救發掘工作急速增加，從中出土極大量的考古文物，因而該如何保存管理發掘出土物也成為發掘者必要的考慮。根據現行法規，考古出土物的保存由文資主管機關所指定，但因現實客觀條件（如空間、專業人員）的不足，很多珍貴的考古文物仍然無法被妥善收藏與管理，這已成為現在與將來必得積極面對的課題。淇武蘭的出土物現在已集中保管於主管單位（宜蘭縣政府文化局）場所，未來還希望可以再進一步活化利用，近程的目標是將資料公開展示於社會，遠程則希望透過各種方法把古代的文化知識融合於現代的社會環境之中。

貳、淇武蘭遺址的學術定位

第三章
淇武蘭的歷史圖像

一、前言與說明

　　本文主要討論淇武蘭考古資料在歷史研究上的意義。如一般周知，蘭陽平原長久以來都是噶瑪蘭族群的主要分布地，然而過去對於他們的歷史認識僅能仰賴早期他人的觀察與描述，或是近代研究者的民族誌調查。所以，此次透過淇武蘭遺址的考古新資料，將可對這段歷史有一些新的看法。

　　下文首先探討考古所發現的淇武蘭遺址與文獻中淇武蘭社之關係，其次是根據遺址資料復原與推測過去的歷史圖像，最後再說明這批資料對於蘭陽平原噶瑪蘭之歷史研究的意義。

二、淇武蘭遺址與淇武蘭社的關係

　　本次發現的考古埋藏地點位於蘭陽平原東北側，附近有一聚落，傳統慣稱為淇武蘭（行政區域屬宜蘭縣礁溪鄉二龍村）。當時根據遺址命名通則，稱此遺址為淇武蘭遺址。但此舉並非表示考古上的淇武蘭遺址即為文獻中的淇武蘭社，此點仍應該加以討論與確認，以下說明：

（一）文獻中的淇武蘭社

　　「淇武蘭」名稱的相關記載首度出現於 17 世紀的文獻，在當時西、荷人所調查的村社資料中有稱為 Kitana-buranan 或 Tanaborauan

或 Kibannoran，因為其發音皆相當類同於淇武蘭，故極可能為今日淇武蘭村的前身。此外，對於人口與戶數也出現了具體的數字，根據當時的普查記錄，該村落計有 160 戶，人口 840 名（圖 3-1）（中村孝志 1938）。這個規模已是當時蘭陽平原上最大的一社，只是除此之外，對淇武蘭社並無進一步的記載。

日後，如淇武蘭般的類似發音的聚落也持續出現在清代的文獻中，如期班女懶、奇班宇難、熳魯蘭、奇蘭武蘭等（施添福 1977：32）。但根據 19 世紀姚瑩《東槎紀略》卷三之記載，此時整個噶瑪蘭人口已有顯著的減少，其中的淇武蘭社尤銳減至 49 人（姚瑩 1957）。這個人口數目或許少得令人有些懷疑，是否因為有部分村民未認同自己為噶瑪蘭人，因而呈現出較少的噶瑪蘭人口數？但無論如何，這都清楚說明了淇武蘭傳統文化在近代的快速更迭。

噶瑪蘭灣		
Kibannoran	160	840
Kibairier	50	280
Kannabasjen	27	98
Tabbetab	40	201
Kipattobbiaer	53	197
Sasinogan	88	370
Kimaroetenoch	52	231
Patobbican	80	309
Baboelian	29	87
Taradagan	30	113
Tomichoch	38	135
Serrimien	50	217
Kimadipitan	42	185
Kimabalauw Tacocbavan	54	260
Sanne	12	67

圖 3-1　17 世紀蘭陽平原各村落的人口與戶數資料（首位為淇武蘭）

除了人口數量外,較可惜的是清代文獻中仍然沒有對單獨的淇武蘭社有太多關於物質或文化上的著墨。總之,對於淇武蘭社向來只有社名、地點(可參閱古地圖及行政區域所屬)、年代(17世紀以來),與聚落規模(如戶數與人口數)等訊息。

(二)淇武蘭社與淇武蘭遺址

以目前所能舉證的材料而言,最有力的證據之一無非是地名發音與位置的雷同。從17世紀以來到今日,所稱「淇武蘭」之村名發音(如Kibannoran等)皆呈連續性的相近,顯示同一個村落的延續存在。再比較19世紀末伊能嘉矩(1898a)所繪宜蘭蕃社地圖中之淇武蘭社,或是發行於1904年之較精確的臺灣堡圖,兩圖之淇武蘭社位置皆與今日淇武蘭考古遺址幾乎相同(圖3-2)。從這些資料看來,今日的淇武蘭聚落當然最可能是發展自17世紀的Kibannoran,而埋在地下的淇武蘭遺址就是歷來淇武蘭村落的遺留。

其次是淇武蘭遺址的面積廣闊(約54,000 m^2),尤其遺址的上文化層埋藏密度頗高,直接反映出數百年以前此地曾是一處大型聚

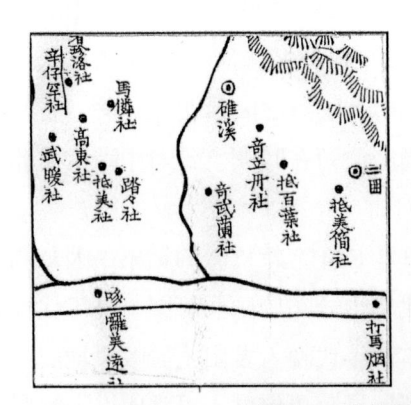

圖3-2 近代淇武蘭的地圖記錄
(左:19世紀末伊能嘉手繪;右:20世紀初臺灣堡圖)

落，此點正可和 17 世紀文獻所記載有 800 多人口之淇武蘭社的規模相呼應。

最後，本遺址各種遺留證據多與近代噶瑪蘭民族誌記載類似，印證此為噶瑪蘭中具代表性的大社，再度提高了本遺址即為淇武蘭社的可能性。

基於以上所能掌握之資料，「淇武蘭遺址即是文獻中所說的淇武蘭社」無疑是一個合理且真實性極高的結論。

三、從出土資料復原淇武蘭的歷史圖像

（一）年代

由於地質結構的下陷（最大值約為每年 45 mm）（陳惠芬 1984），所以今日淇武蘭遺址之部分埋藏已在海平面以下。同時又因河川常年帶來大量的淤積，所以這個文化層埋藏（古代生活活動面）之上方又堆積了相當厚的土層。

從考古發掘中可以清楚地發現在遺址上方一般堆積著約有 100 cm 的擾亂層，以下才是未受近代擾亂之原始地層。整個地層由河川堆積與文化層交互堆疊形成，其中的兩個文化層依所在位置之上、下，分別被稱為上文化層與下文化層，兩層之間還明顯隔著一層厚約數十公分的河川堆積，代表這兩層遺留在時間上曾有中斷，並非連續性埋藏（參見圖 1-12）。

另一項與年代相關的重要資訊是 C14 定年實驗的結果。因為測定後的數據相當有序地呈現出年代集中分布於兩個範圍，且年代較早者多是出於較深地層的測定樣本，年代晚者多出土於較淺地層，所以能夠確認大部分的年代數據都是具有可信度，可當成推定絕對年代的重要根據。

在發掘的初期曾將遺址的年代歸納為距今 1,200～800 年前（下文化層），以及 400～100 多年前（上文化層）等兩個階段。後來因為有更多的資料，故又陸續再補充修正。目前對年代看法和過去相差不大，基本上仍分成兩個階段，但在年代的幅度上則有更寬的調整，分別是距今 1,600～800 年前，以及 600～100 年前。

（二）歷史圖像的復原

考古遺留是推測當時生活狀態的主要根據。淇武蘭遺址埋藏的詳細內容可參考兩次發掘的正式報告，或本書第一章所列。大致就一般考古研究而言，由木柱結構可以推測當時的家屋與聚落形態；根據墓葬之葬具、人骨與陪葬品，可以復原過去的埋葬行為；藉由各種遺物，可以知道當時生活中的物質器具等。除此之外，還可進一步據以分析探討當時社會的組織結構、經濟貿易、族群風俗，或精神信仰等或非物質層次的概況。

以下是根據考古資料，對淇武蘭兩個時代階段所做的生活圖像推想。

1. 上文化層（圖 3-3）

> 從距今約六百多年前以來，這個位於蘭陽平原上的噶瑪蘭村落已是一個相當大型的聚落。聚落的地點離海不遠，村民傍河而居，可能由於地勢低矮潮濕的關係，這裡的房舍以杆欄式建築居多，屋柱、橫樑、牆板與屋頂由木柱、木板與蓆草構成，居民就住在高起於地面的木構臺面上，下方則可以從事動物飼養。
>
> 陶罐是生活中最重要的器具之一，這裡的陶罐器形都不大，短頸、鼓腹、無把無足，形態相當固定，整體也呈現高度

圖 3-3　生活想像圖（許巧又繪）

的一致性。更特別的是容器的表面都拍印有各種幾何圖樣，從製作者對這些圖樣的規整安排與重視程度，不難想見這在當時社會上一定具有特定的意義。另一種常見的陶器器形是用來炊蒸食物用的甗，它基本上也是由兩個陶罐上、下拼湊而成，並非另外製作的器形。龐大數量的陶容器幾乎都是村民自製，而且是使用於生活中的實用性器物，至少沒有專為陪葬所製造者。

鐵器是生活中另一種重要的器具，它的來源目前不明，多數或許要靠外界輸入取得。當時社會上的鐵器已經相當普遍，而且幾乎取代了長久以來所使用的石器，尚可見的石製品大致只剩下石槌與磨石等無需銳利鋒面的工具。

木製品的種類亦多，小型者如杓、碗等食具，或是各種織具、裝飾品，或用竹編技術製作的編籃等，大型的木器有

木漿與建築構件等。木器的廣泛出現可能和鐵製加工工具的發達有關。

常見的人身裝飾品包括瑪瑙珠、玻璃燒製的環與珠，以及銅、鐵或其他金屬的製品。其中，各種瑪瑙與玻璃製的珠子的數量與形態頗多，大的瑪瑙珠甚至超過 5～6 cm，小的玻璃珠或在 1 mm 左右，這些珠子具有各種色澤，並串成珠鍊使用。抽菸草的習俗已經相當普遍，菸斗多為自製，以陶或石製成斗缽，木竹質材為菸管。

墓葬行為也漸趨有固定的形式，埋葬的地點就在家屋附近，密度相當集中，原則上多是一次葬，可能先使用線繩將死者屈肢捆綁，再用草蓆包覆，以蹲踞的姿勢置於木質的支架或棺具中埋入地下。陪葬品的風氣相當普遍，常見陶、瓷容器，以及瑪瑙、玻璃、金屬製（包含銅錢）的裝飾品。若干木板上可見雕刻，除了是藝術上的表現外，可能也和思想信仰不無關係，最具體的代表為帶高冠的人形雕像。

這個村落的居民和漢民族有相當程度的接觸，生活中不乏漢人（或島外人）所製造的瓷器、硬陶與銅錢（但不作貨幣使用）等，而且隨著時代愈晚近，可見愈多漢人和島外的器物與影響。

對於臺灣史的研究者而言，以上的描述應該不陌生，因為類似的敘述也常可見於噶瑪蘭的歷史文獻與相關研究中。此外從若干特定的考古遺物也可加強其間的關係推論，例如百年前伊能嘉矩（1897）在噶瑪蘭部落所看到的陶罐與陶甑就和淇武蘭上層出土的陶容器類似（圖 3-4）；又如《噶瑪蘭廳志》卷五番俗篇記載「好

雜色珠玩，有如榴子大者[7]，有類瑪瑙形者，有小如魚目者」，其中「如榴子大者」或許就是如遺址所出土長徑約有 6 cm 的橢圓體瑪瑙珠；同樣在《噶瑪蘭廳志》卷五番俗篇，被「老番誇為祖製，雖貧不肯粥於人」的金鯉魚（以金屬線做成的裝飾品）亦見於淇武蘭。種種資料直接地證明淇武蘭上文化層便是噶瑪蘭人群的一個古代典型代表。

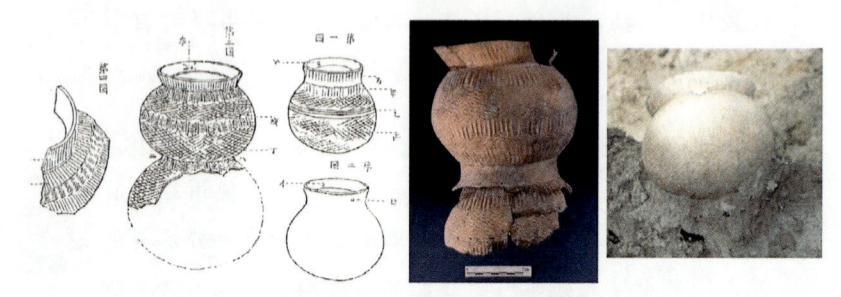

圖 3-4　左：伊能嘉矩手繪；右：淇武蘭遺址出土

2. 下文化層

從距今一千多年前開始，屬於淇武蘭下文化層的聚落便定居在蘭陽平原的河岸旁，他們也有著和上文化層相類似的杆欄式建築，不過這個村落的規模顯然較小。

生活中所使用的陶器也有部分類似於「木扣」的形態，多數器表可見拍印的幾何紋樣，但相較於淇武蘭社晚期時代的陶器，這時陶器燒製的火侯較低，陶質較粗糙，紋飾的安排也不若嚴謹，甚至還有一定的數量是沒有紋飾的，而

---

[7] 關於榴子所指，有一說為石榴之子，若是，則體積甚小，和原文的文脈似乎不合。故此處指的或是如石榴之大者。

陶器的形態也呈現較多樣。金屬器大概已取代了多數的石製器物，也有瑪瑙、玻璃製的裝飾品。

墓葬就在住屋附近，有一次葬，也有二次葬，死者的埋葬姿勢不完全一致。常見的葬具是以板岩石板作為蓋板，上方置放 2～3 件大石塊，墓葬中置放少數陪葬品。此時和外界已有某種形式的接觸，但不若淇武蘭社晚期時代頻繁。

　　下文化層的考古資料相對較少，目前僅能做如上的簡單描述。至於比下文化層更早的居民狀態，或是下文化層居民的來源問題，也有待進一步的調查研究。參考過去蘭陽平原的考古調查成果，新石器時代較早的階段乃以繩紋陶為主要特徵（如新城遺址），到了較晚的階段，改以素面陶與石板棺為特徵（如丸山遺址），多分布於丘陵地。而淇武蘭下文化層既非以繩紋陶或素面陶為特徵，亦非分布於丘陵小山。即就現有已知的蘭陽平原史前資料，新石器時代人群在文化特徵、分布地域或年代上皆與淇武蘭下文化層存在有一段差距。

　　難道淇武蘭下文化層居民是來自蘭陽平原以外的地區？這要比較廣域的考古資料才能下結論，最常被提到可能具有關係者如北部平原或東部地區的遺址，但現實上資料的差距不小。另一種可能是來自島外移民，只是現在環臺灣島外地區也沒有任何足以連結臺灣平埔族的資料可供印證[8]。

---

[8] 筆者曾經推論臺灣有部分平埔族是來自中國東南沿海的移民，這類人群是在當地（中國東南）已受到漢人影響的南島語族，進入臺灣後才和漢人文化隔絕，所以呈現出含有早期漢文化特徵的南島語族文化。另一方面，因中國在距今兩千多年前以後，漢人快速且大舉進入中國東南沿海，所以當地原有文化已迅速消逝，以致目前無存在和臺灣平埔族類似者（陳有貝 2000）。

除了移民說之外,源自當地的可能性也不能排除,我們沒有理由相信在距今 1,600 年前之更早時期,蘭陽平原上沒有人群活動,也很難認為蘭陽平原新石器時期的居民會完全突然消失。因此,淇武蘭下文化層仍相當可能與當地族群或文化的延續有關,無法以單純的外來移民所能解釋。

四、未來研究展望

文獻中的淇武蘭社是 17、18 世紀時蘭陽平原上最具代表性的一個大聚落,而考古學的淇武蘭遺址則是一處蘊藏豐富埋藏的古代遺址,確定了兩者為同一對象後,在不同面向的資料結合下,對於這段歷史便可延伸出很多新資料與新看法。以下是筆者針對此歷史議題所提出的初步想法:

有關噶瑪蘭族群的歷史深度問題,因為在整個遺址的堆積中除了上文化層外,又在下方發現了另一批文化遺留,所以如果可以確認上、下文化層的親緣關係,即等於擁有一批噶瑪蘭更早期歷史的新資料。

關於噶瑪蘭族群是如何出現或形成?或是如何來到蘭陽平原的問題,研究者們過去雖曾以口傳或語言等訊息歸納出若干說法,惟這種具有歷史深度的問題最終仍需有實證資料作為依據,這正也是本次發掘之一意義所在。

根據 C14 絕對年代測定結果,下層文化的年代約在距今 1,600～800 年前,這批遺物無疑是蘭陽平原上早於淇武蘭社的「先住民」所留。那麼這個「先住民」與後來的淇武蘭社(600～100 年前)或近代噶瑪蘭人的關係為何呢?癥結之一就在於兩者的考古埋藏物顯示出某些相異處,令人無法直接作下肯定的結論。

然而，我認為無論從實物證據或理論方面的推理（如文化的變異角度），上、下文化層同屬一個文化傳統的可能性頗高（陳有貝 2006）。所持的主要理由是兩個文化層的埋藏雖是「各有表徵」，但其一是仍在大傳統上看到了其間的延續性，例如家屋聚落的位置與布局、主要陶器的外觀、墓地位置等，這幾個共同特徵是無法用兩個族群的「共同偶然」所能解釋的。例如近年在南部科學園區的某些發掘中也出土重複占居的現象，被認為是和生業、經濟與認知等因素相關（臧振華 2004：99），應值得參考。

　　其二是應思考所謂「各有表徵」的背後含意，對此我認為可以解讀成另一種的訊息：即下文化層呈現的是行為的多樣性，而上文化層則表現出極高的一致性。這種差異並非一定是來自族群不同的原因，而是因時代與文化的變遷所造成的不同體現，即本來是一個有著多樣性居民行為的較小聚落，後來才演變成一個有著極高一致性行為的大規模聚落。尋求對這個歷史過程的解釋才是問題的核心所在。

　　以前對於噶瑪蘭的歷史曾有不同的看法，有考古研究者認為原本在淡水河口到臺北盆地西北半部的人群，隨著時間的推移，由淡水河口沿著海岸向東、南發展成為舊社類型（三芝以東的北部海岸及蘭陽平原）（劉益昌 2002：134-135），即指噶瑪蘭乃出自臺北盆地的凱達格蘭。也有族群研究者主要根據口傳等族群調查之多方面資料，對噶瑪蘭族群來源提出一個說法：「噶瑪蘭人的祖先，乘船來到宜蘭平原外海，有的在蘭陽溪口登陸，有的或許再往北前進，而從頭城一帶進入……。所以溪北溪南各社在追溯祖先來源時，往往會追根究底到初登陸地的打馬煙、加禮宛兩社。」（詹素娟、張素玢 2001：22）更早則是 19 世紀末的伊能嘉矩（1898b）根據口傳歷史、生活習俗與語言上的相關性，主張雙溪河口的三貂社即為凱

達格蘭與噶瑪蘭在臺灣的起源地（或登陸地）。

上述說法多是在缺乏噶瑪蘭早期資料的背景下所作的推理，因此傾向以外來移民為解釋。現在，因為有淇武蘭遺址的發現與研究，這些說法勢必要作很大的修正，可以期待噶瑪蘭之古代歷史問題的答案未來將更為清晰。

註：本文修改自〈蘭陽平原淇武蘭遺址的問題與研究〉（陳有貝 2005d）。本文的要點之一是確認考古學上的淇武蘭遺址與文獻中淇武蘭村的關係，並從考古資料復原噶瑪蘭的古代圖像。其次是對噶瑪蘭在蘭陽平原的歷史問題提出看法。

基本上，遺址雖有兩個占居時期，但據進一步的分析便可知這是同一個文化傳統在兩個時代階段的表現。如此一來，近代的噶瑪蘭族群在蘭陽平原的歷史至少便可以追溯到距今一千多年前，而且可以利用考古埋藏，復原推測這一段過去。

而對於噶瑪蘭的來源問題，過去僅能靠歷史文獻、族群口傳，或是僵化的「考古文化類型」的概念進行摸索，現在則可以期待淇武蘭的資料帶來新的幫助。

第四章
淇武蘭遺址在考古研究上的意義

一、前言與說明

淇武蘭考古遺址因為位於河川水道之下，雖然對發掘技術造成一大考驗，但卻也因此意外地完整保存下諸多遺留，使得這個遺址的埋藏具有以下之幾個特性：

（一）完整的考古遺留

本遺址的埋藏地點恰位於今日河道中，因此所承受的人為與自然破壞相對較少。除了不少的房屋基柱、墓葬與灰坑仍留有清楚的結構外，各種材質的器物或生態性質的遺留亦有良好的保存狀況，特別是在潮濕穩定的環境中，大量保留下在臺灣其他遺址所罕見的木質器物。小至器物研究，大至村落布局的考察，擁有完整性的考古資料在研究上絕對有其必要性。

（二）多樣性的考古資料

本遺址所出土的各種考古遺留包括：一百具以上的墓葬與豐富的陪葬品、古代的建築遺構、現象灰坑，以及各種人為的陶瓷器、石器、木器、貝器、骨器、金屬器、玻璃、瑪瑙等遺物，加上大量的動、植物等自然遺存，可以說涵蓋了考古學中所說的遺構、遺物、生態遺留與現象等四大資料類別。掌握多樣性的資料以進行脈絡相關的總體研究，才能更深入完整的認識當時社會。

（三）連續性的地層堆積

觀察本遺址的堆積地層，各個時代相當有序地層層堆疊，此種有次序的堆積資料正可反映生活文化的傳承與變遷。本遺址的上文化層年代已進入文獻中開始有相關記錄的初始年代，所以一面可以藉著結合歷史文獻進行歷史考古研究，另外再藉之延伸到距今一千年多前的下文化層史前考古研究，更能完整透視整個文化、族群的延續與變遷過程。

淇武蘭遺址的特有性質除了正面提供考古研究的潛力，另方面也令我們不得不注意考古學中所存在的問題，其中之一便是「考古學文化」的概念與方法。本文將先據遺址埋藏建立淇武蘭的考古時空架構，隨後再引入考古學文化之概念，反覆討論問題所在。

二、淇武蘭遺址在蘭陽平原的時空架構

一個合理的時空架構是考古遺址研究的基礎，淇武蘭遺址在這方面提供相當充足的資料。

首要第一個必處理的問題便是遺址的存在年代，目前根據相當多的 C14 年代測定結果，清楚地將埋藏分成兩個階段，較早的階段約在距今 1,600～800 年前，較晚的階段是從距今 600～100 年內。

在地理空間方面，遺址所在地從 17 世紀以來即陸續以 Kibannoran、期班女懶、奇班宇難、熰魯蘭、奇蘭武蘭等文字形式出現（施添福 1997：32），一連串地名發音的相似性呈現此聚落從過去以來存在的同質事實，即這個聚落至少在 17 世紀就存在，而且村民對它的認知並無具體改變（否則聚落名稱應有改變）。甚至藉由遺址上、下層埋藏的諸多一致性，也能推想早期有個同質性村落的存在。

確認了遺址（村落）的時空，接下來便是它的內容。簡要而言，遺址現場發現的杆欄式建築的遺跡、特有的蹲踞葬形式、數量眾多的幾何印紋陶、大大小小的瑪瑙珠與玻璃珠，或是呈弓弦狀的金鯉魚裝飾品等，幾乎都和噶瑪蘭文獻的描述有對應之處。毫無疑問，這是一處噶瑪蘭族群的早期聚落。

　　如上述，本遺址之時間、空間與內容已相當清晰，基本上應可以給它一個很明確的定位，然而還有一個關鍵問題是如何定義上、下文化層的關係？如果較早階段是較晚階段的前身，中間只是因為某些因素導致人群暫時離去，那麼這便可視兩個階段為同一個文化群體的延續，即這個遺址是代表距今 1,600 年以來之噶瑪蘭族村落在蘭陽平原的狀態。相反地，如果較早階段不是較晚階段的前身，意即兩者是毫不相干的群體或文化，那麼對於這個遺址便要分成兩個文化結構探討，這和前述一個文化的情形將大不相同。

　　正如前章所言，這是個噶瑪蘭的歷史問題。而在考古研究上，層位內容的說明與比較也是一個基本課題。

三、上層與下層的內容關係說明

　　從考古資料而言，代表淇武蘭較早階段的下文化層與代表較晚階段的上文化層究竟關係如何？表面上是可以看到有一些相同性，也有一些歧異存在，所以對於這些異同特徵的解釋便直接影響對兩層文化關係的定義。有些看法已指出其中的歧異性（邱鴻霖 2004），而筆者向來皆強調兩者應該是同一文化群體的延續，所呈現的差異不是來自基本文化傳統的不同，而是因時間因素所造成。關於此點，本書他處亦多有論及，在這裡我們不妨先藉考古層位資料說明其可能性。

蘭陽平原極為低平，若參考相關數據，以每年約 3 公厘的向下沉降速率計算（林淑芬 2004：62），可以還原淇武蘭在各個階段的地表高度如下。

根據淇武蘭遺址的發掘地層（陳有貝等 2002），一般下文化層的現在海拔高度約在 -170～-80 cm 之間，還原至 1,600～800 年前的地表則平均約為 310～160 cm；中層無考古埋藏的生土層的河川堆積之現在海拔高度為 -80～-30 cm，還原至 800～600 年前為 160～150 cm；上文化層的現在海拔高度為 -30～60 cm，還原至 600～100 年前為 150～90 cm。從這個資料的比較可以大致知道，早期居住的地勢稍高，到了距今約 800 年前以後，地勢僅在 160 cm 以下，相對易於淹水。

另外，下文化層在 800 年間累積約 90 cm；中層於 200 年間累積約 50 cm；下層在 500 年間累積有 90 cm。將上述換算成每年的堆積高度，則分別為 0.1125 cm、0.25 cm、0.18 cm，中層的堆積速率明顯偏快，頗符合是一時的河川氾濫所造成的現象，值得參考。

再據發掘時所做的觀察，生土層的內容清楚呈現單純的河川堆積，亦是反映河川氾濫的結果。研究者以地質學的分析方法指出約在距今 700 年前開始，蘭陽平原氣候逐漸轉變，並可能迫使人類遷移（林淑芬 2004：74）。所以距今 800～600 年前人類消失於淇武蘭的直接原因應是氣候或水患，即是自然的因素所造成，而非社會人為的因素，如有其他族群的移入與取代等。

以地層資料說明文化內容時常涉及考古學中的「文化層」概念。考古學將地層中存有人類遺留的層位歸納成所謂的「文化層」，並視之為一個時空單位，此點在研究方法上有其方便操作的理由。但實際上當我們使用這個「文化層」的概念時，必須瞭解它是將某段時間厚度壓縮至一個平面來使用。所以一個文化層單位內雖然常被

定義有某些器物組合,但事實上這些器物並不一定是同時存在於過去的某一時點,也就是說即使在同一個文化單位中,從早到晚的器物特徵仍然是具變異。只是在考古地層中難以辨認出過小的時間差異,而為了便於陳述、說明及分析研究,才將所有要素同列在一起。所以,無論是 1600～800 年前或是 600～100 年前,兩個階段內部也是存在變異的。如此一來,或許將「1600～800 年前」與「600～100 年前」一併比較時會顯現出不小差異,但實際上「800 年前」與「600 年前」這兩個時間點上的差異就不如想像中的那麼大,這部分未來仍可以利用其他的研究方法(如類型學)解明。

其次就一般而言,隨著時代向前發展,文化要素的變化有愈來愈加速的傾向,這是歷史考古學領域與史前考古不同之處。這種例子在我們所知的近代臺灣歷史中不勝枚舉,例如今日的原住民與數百年前的原住民在文化的表現上已有相當不同,尤其是當過程中曾有重大事件發生,如頻繁的對外接觸與貿易、大量漢民族的移入,以致於近代化的影響等等。各種相關文獻也隱約記錄下淇武蘭聚落劇烈的轉換過程,如後來人口數的銳減便是最好的說明。更何況 400 年前的淇武蘭已經是蘭陽平原甚至北臺灣的最大型聚落,這種聚落的內容當然是小聚落所不能比擬的。涉及的問題也絕對不只是人口數量上的問題,社會本身「質」的變化更是不可忽視。

舉例而言,要形成一個大聚落除了要有足夠的環境因素、生業方法與足以對應的各種行政、管理機制等客觀條件外,維繫人民共同生活的意識也是不可或缺的主觀力量。這些變異都可能表現在考古遺留上,使研究者們誤認為是來源不同的兩個文化。地理上和臺灣極為鄰近的琉球歷史也可以供我們作為參考:琉球列島在 10 世紀以前原本還是處於非常簡單的社會狀態,生業以捕魚、打獵與採集為主,沒有太多農業活動,也沒有形成大型的聚落,但在被納入近

代東亞貿易圈後,因為與外界頻繁的接觸,造成在 13 世紀內部地方分立,並在 15 世紀形成一個統一的王國,整個過程極為快速與激烈,但基本原因在文化的改變,而非關族群的更迭。

回到考古資料的解釋問題,我們究竟應該如何看待淇武蘭遺址上、下文化層的不同,當比較兩個文化遺留內容存有異同時該尋求何種解釋?如果研究者強調它們的共同點便容易將之納入同一個考古學文化。反之,如果專注於相異點,便易視為不同的考古學文化,並對其中的相同點常以文化的接觸、傳播解釋之。但這種劃分方法顯然只是考古學的,而不一定是民族學的。舉例而言,在臺灣的阿美族與噶瑪蘭族中各有重視捕魚的村落,也各有以作物種植為主的農業村落,而如果我們觀察他們在物質文化上的外在表現,阿美族的漁村聚落可能更近於噶瑪蘭的漁村聚落,而非同族群之阿美族農業村落。所以當要以考古遺留解釋實際的文化與族群問題時,深入至某個層次的資料可能較重要於物質面的表象。以下再以墓葬的情形作說明:

初見淇武蘭上、下文化層的墓葬表現有不小差異,其一是葬具的不同,下文化層幾乎全以石板為主,上文化層則以木質材料為主,但這種毋寧只是物質材料上的變革而已[9]。淇武蘭上文化層出土相當多的木質材料遺留,說明這是個木材使用的盛行時代,此點和鐵器的普遍應用乃有直接的關係。相較下,在一個金屬器尚不盛行的下文化層時代,自然多選擇他種材料為葬具,環看臺灣各史前文化皆有不少以石材為葬具,這種現象並不特別,也不足以當成族群判別的依據。

墓葬資料的另一個差異在葬姿,上文化層清楚地以蹲踞葬為主;

---

[9] 此點可再參考本書第六章的說明。

下文化層中的蹲踞葬只是一部分，概括全體可以用「多樣」與「不明」來形容。所謂「多樣」指的是在人骨姿勢、葬法都呈現多種樣態，沒有一種具完全代表性的主流；所謂「不明」指的是很多都已呈「二次葬」，筆者很懷疑這種「二次葬」的形成是否同於一般所言的漢人二次葬或洗骨葬。上、下文化層在地層中的間隔並不遠，從實際發掘中可以發現某些屬於上文化層的考古現象（如柱洞、灰坑）已經侵入至下文化層，可以推想當上文化層人要進行坑穴挖掘，或燒陶、埋柱與埋葬時，不免常會觸及到下文化層堆積，上文化層的人群沒有理由不知道當地早已存在的墓葬，所以所謂的「二次葬」也不無可能是上文化層的人再處理的結果（圖4-1）。

上述是強調即使在某些「證據」上，淇武蘭遺址的上、下文化層內容呈現差異，但我們應當將資料放回當時的情境，便會警覺到不宜以表面現象貿然將兩文化層視為毫無關聯。

圖 4-1　下文化層的二次葬

四、淇武蘭遺址引發的考古研究問題

蘭陽平原的考古研究到了近年才有明顯的成長，目前除了尚不見舊石器時代的遺址之外，新石器時代各個階段的遺址陸續被發現，逐漸填補了史前文化中各個時期的空白。

在臺灣考古學的定義中,淇武蘭遺址的定位約處於鐵器時代的中期與晚期,以考古學文化所屬而言,向來研究者多使用「廣義十三行文化」或歸類為十三行文化之地方類型(劉益昌 2002)。只是現在從考古資料看來,這顯然未符合現實的歷史觀,因此傳統的考古觀點勢必要有所調整。毫無疑問,這是一個極為重要且值得深入探討的考古議題。

以下將以此為題,再作說明。主要的觀點是認為:因為這批資料的若干所屬年代較晚,透過從現有的族群文獻資料加以檢驗的過程中,將可突顯過去在考古學文化建構方法上所忽略的一些問題。

(一)從考古學文化的建構方法談起

「考古學文化」是臺灣考古方法與研究中相當重要的基本概念,通常研究者將田野所得資料分類歸納後,取其中某些要素、特徵集合成一群組合,再根據這群組合在時空上的分布劃定成一個「考古學文化」。「考古學文化」一方面成了研究上的一個暫時性或階段性的重要目標(階段目標),另方面也是指導進行下一步研究的基礎。如現在所言的臺灣史前史便是靠著各個考古學文化所建構而成(可視為最後目標),其概念在整個研究過程中有其必要性與重要性。

但上述是僅限於考古學的領域而言,當我們欲跨出這個學科界線並和其他領域有所對談時,種種衍生出的問題便不得不謹慎面對。尤其是「考古學文化」所代表的內容意涵為何?外界往往不易瞭解。

「考古學文化」除了是考古學界獨特的語言,還因為冠上了「文化」兩個字,常常造成誤解,即使在考古學界自身的領域內也產生一些混淆,研究者間對它的定義與認知各有不同,甚至還隨著時空不同而有不一樣的概念。

臺灣學界所使用的「考古學文化」和戰後引入的中國考古學有

關,所以可以從此處稍作其意義的追溯。在中國大陸,早期曾經以較純粹的物質特徵來定義考古學文化(趙青芳 1955),但在文化大革命等政治因素的干擾下,這種定義一度受到非常嚴格的批判,此後一段時期中便少有再提到這種看法。後來真正較有影響力的說法是來自夏鼐於 1959 年所發表的論文,一部分或是因為夏鼐在中國政治地位上的影響力,他的說法被廣泛的接受與運用,時至今日都是一個相當重要的標準。夏鼐(1959)當時引蘇聯的概念指出「考古學上的文化是表示考古學遺跡中所觀察到的共同體」,他並提出對考古學文化設定原則的三個要件,簡言之便是:1.明確可區分之要素;2.文化之綜合體的多方面出現要素;3.十分的認識。

　　上述可說是同時揭示了考古學重視以遺物分類為基本方法,及以族群研究為目標。由於過去中國考古學的環境充滿集體性與服從性,而族群主張又是馬克思主義所偏好,因此在夏鼐以外便缺乏其他討論。正如日後尹達(1963)所強調「最終目的是探究氏族制度的社會歷史」便成為中國之「考古學文化」探索的重要目標。

　　接著,蘇秉琦於 1980 年代後成為中國考古學界最具影響力的人物,他倡導的「區、系、類型理論」一時成為引導現代中國「考古學文化」的研究指針,若配合所言之「古文化、古城、古國」的說法,不難發現其概念已經從族群進入國家的層次。連結到 1980 年代後期,部分地區因經濟改革因素所形成所謂「地域中心主義」之風潮,不少考古學文化的意義被重新創造,概念上幾乎等同於古代國家或民族(von Falkenhausen 1995)。至此,「考古學文化」已經超出是一個方法論上的「目標」,而跳躍成為一種必然性的前提認定。從以上所看到的是考古學文化的定義變化過程,從最初的考古器物、資料的層次,跳躍成為人、文化、族群或國家。然而,問題是在研究方法上該有如何的對應改變?

在臺灣，早期的考古學始自日本學者研究，當時並沒有完整形成今日考古學文化的概念，如著名的鹿野忠雄所指稱的「臺灣史前文化的七個層次」，主要是據以說明臺灣史前文化的來源方向（這是當時學術潮流重視的題目），重點不在指涉這些層次在時空上的位置與完整內涵特徵。

　　臺灣使用考古學文化的緣由多來自 1949 年以後之中國考古學的引進，如 1975 年發表的〈臺灣西海岸中部地區的文化層序〉（宋文薰、連照美 1975）可視為一個開始指標。到了 1980 年代初，始有宋文薰（1980：127-128）較具體提及「考古學文化的差距有若於族群間的差距」，意指兩者近似相當。然而一般都大致同意此乃是就理想上的目標而言，因此在專業論文中多避免直接把考古學文化當成族群論述。此外尚有一個造成此類議題缺少被討論的原因，便是過去臺灣考古學者多投注於無文字的史前社會研究，這個時代階段在臺灣延續至頗晚，所以多數研究皆無須碰觸歷史領域中的族群議題，這種現象直到後來的歷史考古研究的興起才有些改變。

　　理論上考古學文化的意義到底是什麼？現在仍然缺乏客觀、深入、足夠的討論，所以很難歸納出一個可以令多數研究者共同接受的結論。若據筆者個人的觀察，綜合現在各研究者對此概念的實際使用情形，應可以從中分解出三個不同的認知層次，分別為「器物的」、「生活的」與「族群的」等三項（圖 4-2）。

僅以器物的特徵作為考古學文化的判定標準，此即屬器物的層次；生活的層次是指判定的基礎除了是物質之外，還包括如生活方式、生業形態等；族群的層次便

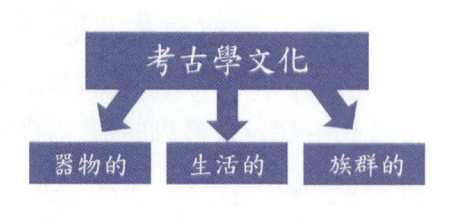

圖 4-2　考古學文化可以分解出三個含意

是將考古學文化對等於族群的概念。就研究的難度或深度而言，器物的層次最為簡單，定義也最清楚，但是僅能說明物質面，對於文化的非物質面之解釋有限；定義若提升至生活層次，才能有效完整說明人類的文化面，但前提是必須先將考古資料轉換成文化上的說明，這一道步驟增加不少研究的難度；將考古學文化比擬至族群面在概念上是相當清楚易懂，無疑也是一般研究者的目標，但是除了從物質資料跳躍至族群解釋時有著研究操作上的複雜性外，理論上如何定義古代的族群也非全然沒有爭議（如古代的族群是否基本存在？或當代所強調的意識認知是否為族群分類的唯一標準等）。

因為考古研究的對象極為廣闊，「考古學文化」的概念在應用於不同的範疇時常有不同的解釋，所以重要的是當在塑造一個考古學文化的時候（階段性目標）須注意到它的基本資料根據是什麼；當以之解釋歷史過程時（最後目標）須掌握所能解釋的範圍在哪裡。

（二）淇武蘭遺址與十三行文化

有關淇武蘭遺址的考古學研究，傳統上第一個要面臨的課題便是它是屬於什麼考古學文化？是過去所被以為的「廣義十三行文化」？還是其他？過去蘭陽平原的鐵器時代並沒有獨自被設定的考古學文化，然這並不代表就只能套用「十三行文化」來涵蓋，還是應該回歸學術上的資料與解釋。

十三行文化是分布在北臺灣的鐵器時代文化，其內容可舉新北市淡水河口南岸的十三行遺址為代表。十三行遺址曾於1959年進行考古發掘，當時除了出土方格印紋陶、石器（以凹石居多）、鐵器、玻璃器、瑪瑙珠等器物外，還發現了臺灣首見的兩座呈屈肢姿勢的墓葬，發掘者認為「所存遺物均發現於單一文化層中，無文化重疊現象」（楊君實 1961：60）。而且在討論內容時，多處詳細引述民

族誌資料,提出結論認為「全部出土遺物而言,似屬於凱達格蘭、噶瑪蘭系史前文化系統……十三行遺址不但出土物屬此一史前文化系統,且位於古代凱達格蘭族居住範圍以內」(同上:65)。當下雖沒有很明確的使用「十三行文化」的名稱,但很強調說明這個遺址內容的代表性,奠定後來研究者們使用十三行文化一詞的基礎。

此後,十三行文化的概念大致分成兩方面發展,一個是在原有的認識上將該分布由點擴展至區域,涵蓋範圍除了臺北地區外,如盛清沂(1963)在廣泛進行蘭陽平原考古調查後,提到該地區與十三行遺址屬同系統;另在1980年所提出的十三行文化分布從臺北向東到蘭陽平原,向西南延伸至新竹、苗栗(黃士強、劉益昌1980:62);1990年代的遺址大規模普查報告中,蘭陽平原晚期遺址多數被歸類為十三行文化(如連照美、宋文薰1992;黃士強等1993),後來亦有提議應增加新竹、苗栗的沿海一帶(劉益昌1996)。

另一個發展是來自從1980年代晚期起在十三行遺址所做的大規模搶救發掘,根據遺址出土豐富的考古遺留使得對該文化內涵有深一層的認識,這個成果也企圖拓展至體質與族群研究(臧振華2001)。

現在我們對典型的十三行文化已較過去更可以清楚掌握,包括它應有的遺物內容、風俗行為,甚至是族群屬性等。但是對所謂之蘭陽平原的十三行文化又有何新進展呢?若以上述學史的脈絡看來,這部分是建立在資料較少、基礎薄弱的早期認識上,以現在的認知是否仍可一併概括適用?當然極有待澄清。

其實,上述所言的資料較少、基礎薄弱的早期認識不外乎來自以下的想法。即兩地(臺北與蘭陽)普遍發現的「幾何印紋陶罐」,以及如鐵器、玻璃器、瑪瑙珠等之物質特徵。換言之,若是以物質

層次的觀點，兩地確實有類似，稱為同一考古文化亦有某些道理。只是我們如果認為「考古學文化」的意義不應只在物質面，而是以追求生活形態或族群層次為目標，再加上已有適當的資料與研究時，當然就應該做更精湛的解釋。

十三行遺址有相當多的墓葬出土，確認當時當地的主要墓葬方式為側身屈肢葬；淇武蘭遺址同樣有充足資料證實乃以蹲踞葬為主。也就是約當在同一個時期（臺灣的鐵器時代），兩個地域的墓葬行為風俗是完全不同的。這份資料還比單純的物質表現更可說明兩地人群與文化的迥異性質（圖4-3）。

那麼有無可能是源自對方的早期文化（例如淇武蘭是源自十三行的更早期階段，到了蘭陽平原才逐漸演變成蹲踞葬）？因而可懷疑是同一文化在不同時代與空間的表現？但這種推測的證據仍然薄弱，因為在史前各個時空中，十三行遺址或整個北部地區絲毫沒有蹲踞葬，淇武蘭遺址或蘭陽平原也鮮少如十三行的側身屈肢葬，兩者之間幾乎沒有絲毫演變上的證據。

圖4-3　十三行文化與淇武蘭的差異

而且這一切還有個更具決定性的觀念：既然凱達格蘭族與噶瑪蘭族在學術分類上已清楚是不同的族群，那麼明白屬於不同族群的遺址（十三行遺址屬凱達格蘭族；淇武蘭遺址屬噶瑪蘭族）也理應作不同的考古學文化設定。現在對於凱達格蘭族與噶瑪蘭族是否有親緣相關性，在民族學上既無客觀的資料與研究，考古學上也無有力的證據與說法，所以分別對應於兩個考古學文化當然才符合「考古學文化」的最理想目標。

如果仍勉強要將兩者劃定為同一個考古學文化，除非一併同步擴展考古學文化的概念，有研究者稱之為「廣義的十三行文化」，或許有此用意。但是僅單獨寬鬆十三行文化的概念（內容已超越一個族群，變成至少含有兩個族群），不僅和其他史前文化的設定想法有所衝突，而且也有違原來的學術定義。過去肇因於資料有限，才將蘭陽平原鐵器時代遺址歸納為十三行文化，現在在淇武蘭等遺址的陸續揭開後，這個作法顯然已是不合時宜，有急需修改之必要。

　　因為淇武蘭的上文化層內容已經呈現出相當程度的噶瑪蘭化，所以稱之為「噶瑪蘭文化」亦頗契合歷史事實。對於遺址的下文化層，因為該內容為上文化層的早期源頭，故可稱為「早期噶瑪蘭文化」。

　　當然必須重申：地域考古學文化的設定只是研究方法上的一種設計，並非絕對必要甚或有絕對客觀存在，某種程度僅是為了便於彼此溝通及理解，重要者還是應回歸各遺址的實際埋藏內容。此外，臺灣屬於鐵器時代或是年代較晚的遺址往往和近代歷史有密切關聯，故這部分亦須隨著歷史學的認識而調整傳統考古學的概念與方法。

五、結語

　　本文探討兩個重點，一個是從考古學方法探究淇武蘭的時空架構與內涵，基本上認定這個近代的文化群體可往上追溯到距今約1,600年前，此成果對照於根據族群傳說或民族調查資料的推測有相當程度的不同。另一個是對考古學自身的反省，「考古學文化」向來幾乎是考古學者的專利語言，對於其他領域而言，具有難以懷疑的絕對性。但是當考古研究從史前涉入歷史時期的領域時，便不得

不重新釐清這個假設體的意義所指,本遺址的發掘可說提供一個重新思考的契機。

至於淇武蘭遺址的內容所屬,本文建議應使用新的考古學文化名稱,分別為「噶瑪蘭文化」(上文化層內容)及「早期噶瑪蘭文化」(下文化層內容),以和歷史與族群的研究相互接軌。

註:本文修改自〈淇武蘭遺址在蘭陽平原考古研究的意義〉(陳有貝 2006)。當時已經完成淇武蘭遺址的第一次搶救發掘,正處於整理各種出土標本與發掘記錄的工作階段。因臺灣考古學界對於新遺址的發現,一般最關心的便是它所屬的考古學文化,所以藉此文說明了發掘者之看法。過去臺灣在以史前考古為主流領域的前提下,多使用「考古學文化」以構築史前史,惟這種思考並非沒有爭議,只是多被忽略。所以淇武蘭的出現是一次促成考古研究者對自我學科概念檢討的機會。我也認為與其爭論考古學文化所屬,不如將重點置於對古代村落或人群的實質探討,畢竟遺址是真實存在,而「考古學文化」只是研究者所構築出來之尚未完整成熟的概念。

第五章
從淇武蘭與龍門舊社兩遺址
看族群互動

一、前言與說明

　　臺北縣貢寮鄉龍門村（現為新北市貢寮區龍門里）附近的舊社遺址早在 1960 年代即被發現（盛清沂 1962），1981 年曾做過 2 個探坑的試掘，除了出土陶片等各種考古遺留外，還發現 1 座人骨姿勢呈側身屈肢的墓葬（蘇仲卿等 1982）。此後，陸續僅有若干小規模的調查與試掘（劉益昌 1997：16），直到 2004 年再度進行 7 個探坑的發掘，才出土比以往更加詳盡的考古資料（陳有貝 2005c；潘瑋玲 2005）。由於這個遺址可能就是出現在 17 世紀以來文獻中的三貂社，因此極有助於我們認識當時的族群文化與歷史。

　　淇武蘭遺址則是近年的重大發現，其年代連結著從史前到歷史，這批客觀存在的考古材料則反映著蘭陽平原當時的社會與人群。

　　上述兩處遺址無疑都是研究北臺灣近代歷史的重要資料，一個代表噶瑪蘭族群的典型大聚落，另一個是屬於凱達格蘭族群並富有獨自特徵的聚落，若能進行兩者比較，或可深入不同族群間的互動與接觸問題。筆者向來強調直接以遺址資料的層次探究臺灣早期族群歷史將遠比藉著假設建構的考古學文化更為有效，本文亦是此一想法的嘗試與實踐。

　　下節將先分別介紹兩處遺址的各自特徵及研究成果。第三節是

比較兩處遺址資料，探討兩個族群間的相互關係。最末節是本文總結及研究方法的討論。

二、淇武蘭遺址與舊社遺址

（一）淇武蘭遺址

　　淇武蘭遺址至少存在著兩個時代階段的埋藏，早期約在距今1,600～800年前；晚期約在距今600多年前至100年前。早期的聚落小，生活中的器物較為簡單；晚期的聚落大，生活中的器物趨向複雜，其中並有不少外來品。早期因為年代早，以致沒有相關文獻可循；晚期則有充足的證據顯示17世紀荷蘭文獻中的噶瑪蘭大社即是此批堆積的主人，而且這個聚落還一直存續至今。無論從理論面或資料實質面觀之，早期聚落和晚期聚落的人群應有著相同的根本文化性質，兩者為同一族群的早、晚延續表現。

　　以上的推論幾乎是將噶瑪蘭人在蘭陽平原的活動歷史延伸到距今1,600年前以上，但是這個說法也非毫無破綻，關鍵就在對於早期的人群是否可以直稱為噶瑪蘭族群？每個族群都有自我形成的過程，可以確定他們是距今一千多年前的噶瑪蘭人祖先，但不一定必然是今日所定義的噶瑪蘭族群。這是個歷史問題，也是族群研究的基本議題，須要抽絲剝繭逐步釐清。

　　根據文獻的記載，17世紀中蘭陽平原的噶瑪蘭聚落多不乏百戶以上者。以總數而言，共計大約有40餘個村社，約2,300戶，10,000人左右。在實際的分布空間上，相較於同時期之臺灣其他地區，其人口密度可說是最高（詹素娟、張素玢 2001：13）。其中，淇武蘭社是一個最大規模的聚落，而且超出其他甚多。

　　以上的數據透露當時蘭陽平原上的噶瑪蘭族群已出現相當程度

的聚居,而無論是原因或是結果,維繫此種社會結構的背後勢必存在著一個共同且穩定的村社認知為基礎。我們還可以藉由觀察儀式、信仰等和精神層次較有關的資料理解這種現象的存在。例如在遺址(上文化層)中,有一致性極高的墓葬形式(蹲踞葬、陪葬品),顯示特定的生死觀念;也有固定的高帽人像雕刻主題,表現出共同的祖先形象。再觀察出土的數十萬陶片以及復原而成的陶容器,可發現它們在外形與紋飾上被極端地要求一致,這完全是具共同標準與嚴格規範之社會下的產物,其基礎很可能是具有某種共同認知的族群意識。

推測造成這種現象的因素可能是來自蘭陽平原以外地區的文化壓力,即近代以來外部的嚴峻挑戰成為凝聚噶瑪蘭族群內部的動因。可想見在蘭陽平原的聚落與人口密度均高的狀況下,為維持各社群聚落內部秩序與彼此間之互動、溝通與協調,將需要有某些共通的一致性元素為基礎,否則包括外來文化的衝擊、人口與經濟的壓力等,均將造成社會規範或文化秩序的失調與瓦解,這便是共同標準與嚴格規範的重要功能所在。

那麼在 17 世紀以前的噶瑪蘭又是如何呢?距今 1,600～800 年前的淇武蘭(下文化層)雖為噶瑪蘭人群的前身,但這個時期的考古資料顯然沒有出現具體清楚的一致規範,例如屬於非物質層面的墓葬形態未呈現集體的一致性,也少見具有共同性的象徵表現(如上文化層的人形木雕)。同時,物質面的陶器形態規範較低,有多種風格表現。所以他們是否有堅定足夠的共同認知以直接稱為噶瑪蘭並非沒有爭議,至少可以知道較上文化層的情形薄弱許多。

當然,若是對於族群的認定採自較寬鬆的標準(如大致相同的生活方式、文化元素形式上的相同等),至少同一聚落村民必定存有某些共同性,那麼亦可視淇武蘭的下文化層為「族群標記標準化」

趨勢的早期發展階段，將上、下文化層皆視為「噶瑪蘭族」，兩階段是族群形成過程在程度上的表現。上文化層代表的是「標準化」的噶瑪蘭族群之遺留；下文化層代表的是「前標準化」的噶瑪蘭族群之遺留。

總之，考古遺留反映出距今一千多年前蘭陽平原的人群分布原較為零落，聚落較小，聚落內外彼此間無強力的認同與規範。隨著時間發展至距今數百多年前，人群逐漸聚集成較大的聚落，有共同的信仰、行為與社會規範，並在意識上彼此認同為噶瑪蘭人。

（二）龍門舊社遺址 [10]

歷年來不同研究者對龍門舊社遺址地點的認知略有出入，但大致上皆不出在雙溪河口北岸一帶（圖 5-1）。本遺址最初發現於 1960 年代，而進一步的調查與研究多和後來在當地興建核四廠工程有關。從 1982 年起，雙溪河口一帶即因核四議題而陸續進行了不少

圖 5-1　雙溪河口的舊社遺址

---

[10] 過去稱為舊社遺址，後來因稱為「舊社」的地名太多，易混淆，故多改稱為龍門舊社遺址。

第五章　從淇武蘭與龍門舊社兩遺址看族群互動　89

考古工作，目前所知本地區年代較晚近的遺址如仁里遺址、仁和宮遺址、十三姓遺址、慈仁宮遺址、舊社遺址、福隆遺址、砲臺腳遺址等。初步看來，這些遺址的性質多少都有一定的相似性，惟過去以來的資料皆失之於零落不足。

2004 年，國立臺灣大學人類學系與國立臺灣博物館合作進行龍門舊社遺址的調查與發掘。2005 年，臺大又在本地區進行考古田野實習課程（圖 5-2）。兩次期間共計發掘面積為 107（53 + 54）m^2，出土較以往更為詳盡的考古資料。綜合當時成果，對於這個遺址的歷史與人群有以下的基本認識：

1. 龍門舊社遺址的年代約在距今 400～200 年前。
2. 龍門舊社遺址和臺灣早期歷史文獻中的三貂社應有很深的關聯性。三貂的名稱源於 17 世紀時西班人所稱的 San Diego，到了清代稱為三貂社。歷來文獻中所說的這個村落應該就是今日的舊社村落（當地一般的地名稱為舊社）的前身，而考古所發現的龍門舊社遺址即是其具體遺留。
3. 根據民族學的調查研究，三貂社居民在族群分類上屬於凱達格蘭族。19 世紀末，民族學研究者伊能嘉矩（1898a）在造訪舊社後，便從口傳歷史、生活習俗與語言上的共同特徵，主張三貂即為凱達格蘭與噶瑪蘭在臺灣的共同起源地。

圖 5-2　舊社遺址海邊沙地的考古埋藏極深

為了突顯本遺址的考古特色，試採比較的方法說明如下：

舊社遺址的年代大致和淇武蘭上文化層相近，據考古出土，兩地的陶片具有類似性，復原後的形態皆是以飾有幾何紋樣的小形罐為主（圖 5-3）。然在陶器之外，其他遺留便有一定的差異，例如裝飾品與外來器物等。因淇武蘭上文化層的出土物在數量與種類上都遠遠超過龍門舊社遺址，故必須從其「比例」分析比較，而非絕對數量。從這個角度觀察，龍門舊社的一大特色便是多量的骨、角、牙器裝飾品（圖 5-4），這些產品多數皆屬當地製造；淇武蘭的裝飾品則多為玻璃、瑪瑙、金屬製等外來品，少數才為當地製造的骨製品。同樣地，龍門舊社的外來品少；淇武蘭則有大量外來品，尤以陶瓷器最明顯，而這也是龍門舊社所稀少的。

圖 5-3　舊社遺址的幾何印紋陶

從表面看來，歷史文獻所載之三貂社原是當時北臺灣不小的聚落，但考古發現的實質規模顯然無法與之對應。可能原因是清代所記載之三貂社除了包含所稱的舊社聚落外，尚涵蓋南仔吝、福隆與遠望坑等聚落。如此一來，實際上個別的聚落規模必然較小，也較符合考古上的發現。

比較淇武蘭上文化層聚落與三貂社中的舊社聚落，兩者不僅分屬不同的平埔族族群，而且在社會形態和生活文化內容上，淇武蘭儼然已成為一個大型、集中、複雜的聚落，而舊社只是一個中小型、

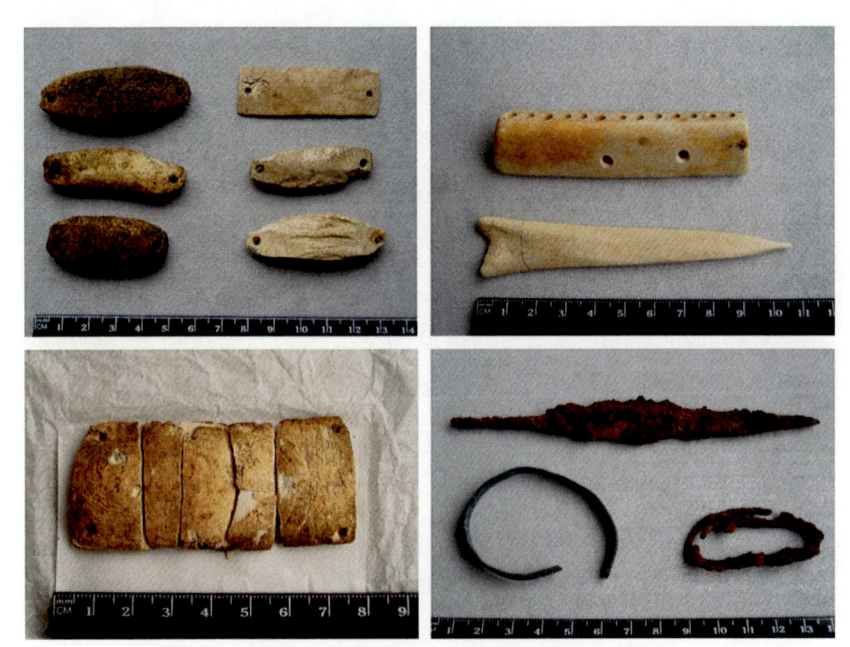

圖 5-4　舊社遺址的骨角質裝飾品與鐵器（右下）

零散、簡單的聚落，兩聚落的本質幾乎是異質性的。然而兩地的距離不遠，年代相近，在這種背景下當然無法避免產生各種互動。下節將再藉著考古、歷史與族群的資料，深入觀察這種互動所帶來的影響。

三、從淇武蘭與龍門舊社兩遺址看族群互動

（一）相關的研究

平埔族群研究原為人類學、歷史學或語言學者投入較多的領域，近年來才又有考古學者的加入，讓這個議題更形活潑與多樣。對於凱達格蘭與噶瑪蘭的關係，除了早期有伊能嘉矩（1898a）的共同起源說法外，語言學家李壬癸（1992）的分類看法是：凱達格蘭實際

包括臺北及部分桃園地區的馬賽（Basay）、雷朗（Luilang）、龜崙（Kulon），以及蘭陽平原的哆囉美遠（Trobiawan）與里腦（Linaw）。另一支分布在蘭陽平原的較大族群為噶瑪蘭（Kavalan），但在蘭陽平原上除了上述的哆囉美遠與里腦外，蘇澳附近的猴猴社可能是較晚移入臺灣之完全獨立的另外一支。換句話說，蘭陽平原是多族群的分布地，但主要仍是噶瑪蘭的世界。

上述與本文直接有關者為淇武蘭遺址所屬的噶瑪蘭族，以及龍門舊社遺址所屬的凱達格蘭族之馬賽族。前者主要分布在蘭陽平原，在語言上各地方的內容差異非常小，詞彙幾乎都相同或類似（李壬癸1997a：71）。後者之馬賽族主要分布在北海岸至東北角（三貂角）一帶，這個民族被描述成懂得計算、富有語言能力、善於操舟航行近海，進而漸有貨幣交易的商業行為（翁佳音1999：66）。

馬賽人和噶瑪蘭的互動關係可以從語言學的跡象顯現若干線索，李壬癸（1992：232）曾認為「語言跡象顯示：主要是凱達格蘭受到噶瑪蘭的影響，並有不少的借字。」但在後來亦提到「根據17世紀上半西班牙的文獻，在臺灣北部的巴賽語的勢力遠超過噶瑪蘭語，而且在這兩種民族接境的地區，噶瑪蘭人都會說巴賽語。因此整體而言，巴賽對噶瑪蘭的影響應該大於後者對前者的影響。」（李壬癸1997a：74）由上可以解讀，無論來自哪個族群的語言影響力，兩者之間毫無疑問存在著緊密的互動關係，尤其在族群交會地帶的影響可能更為直接。

另在考古研究方面也有一些進展，如劉益昌（1995b，2002）認為十三行文化形成轉變的中心在淡水河口到臺北盆地西北半部，且隨著時間的推移由淡水河口沿著海岸向東、向南發展。但他認為這個文化含有各種複雜的時空類型，部分可以對應到文獻中的族群，如主要分布在花蓮立霧溪流域並沿海岸延伸至宜蘭平原的普洛灣類

型便是早期馬賽族的遺留，主要分布在三芝以東的北海岸到蘭陽平原的舊社類型可與噶瑪蘭族連接，但從舊社遺址試掘資料，也無法排除和巴賽族之間的關係。此外，將舊社附近（即雙溪河口）部分內容較為清楚的遺址區分成十三行文化的福隆類型與舊社類型，前者的年代約距今 1,000～600 年前，後者約距今 600～150 年前，並認為這兩個類型是連續發展而成，與平埔族中的凱達格蘭族（巴賽族）與噶瑪蘭族有密切的關係（劉益昌 1995a）。

　　以上的敘述確實有點複雜，大意上是使用「考古文化」與「類型」的概念，使之和族群的分類相對應，結果舉出巴賽族（凱達格蘭族）與噶瑪蘭族在距今約千年以前是緊密相關。這就是以考古資料為基礎，將巴賽與噶瑪蘭看成是具有類緣或源流上早、晚傳承關係的兩個族群。

　　只是理論上從一個族群分化成兩個族群通常只是一種理想的想像，而且上述的考古文化設定基礎都來自物質面的資料，缺乏可以反映族群資料之說明，即考古上的證據顯然跟不上推論所及。

　　若是依據淇武蘭遺址的資料研究，基本上一千多年前蘭陽平原上就有噶瑪蘭的祖先人群存在與活動，此時他們的種種行為、習俗便已和北海岸的族群（凱達格蘭或十三行文化）有顯著的差別，後來他們還持續發展成近代的噶瑪蘭族群。相對於前述的族群分化之說法，這可以視為是一種原地域的族群形成說，意指蘭陽平原的噶瑪蘭族群是結合當地人群意識所形成，不是來自他族的分化與移民。以此立場而言，凱達格蘭和噶瑪蘭並非屬於上下早晚的承傳關係，而是兩者在同一個時代並存於不同的地區。

　　在整個歷史過程中，並存的兩地人群必也產生互動關係，這才是造成文化類似性的主因。以下再從三貂社與噶瑪蘭的研究例子說明。

(二) 三貂社與噶瑪蘭

文獻中常見提起的三貂社位在雙溪出海口附近，在地理環境上正好是北海岸與蘭陽平原的中間孔道。17世紀中，此地被西班牙人占領，並稱為 San Diego，而後在荷蘭人文獻持續可見有 St. Jago 村落的記載，據 1647～1654 年的戶口調查，本村落約有 90 戶，300 餘人。到了清代，人數略同。以這個規模而言，在當時已是不算小的中型以上聚落。不過相關文獻亦記載本村包含有南仔吝、舊社、福隆與遠望坑等四社。所以實際上每個村落的人數可能不高，應屬小型聚落。到了 19 世紀末，伊能嘉矩來到了由舊社所遷居而成的新社，記錄下當時的新社有 106 戶，504 人，但已經相當程度的「漢化」（程士毅 1995；潘瑋玲 2005）。如果這個數值指的僅是新社聚落單獨的記錄，那麼顯然此時的人口與戶數已大為擴張，是一個值得注意的現象[11]。

關於三貂社的族群屬性，無論在文獻資料或語言學研究（使用巴賽語）方面都充分顯示其屬於凱達格蘭族群之巴賽族。

由於在地理位置上三貂社緊鄰著噶瑪蘭的分布領域，因此同時間的兩個族群必定會產生某些互動。這是一種什麼樣的關係模式？我認為曾在三貂社所發現、採集的人形木雕就是第一個重要的線索。

這類標本以具有帶著高冠（帽）的正面人身平面圖樣為特徵，標本目前多收藏於國立臺灣大學人類學系與國立臺灣博物館。根據收藏時的相關記錄，當時（日治時期）的採集地主要來自三貂社（圖 5-5：左）與蘭陽平原兩地，其中又以蘭陽平原較為普遍（王端宜

---

[11] 另可參考的資訊是：將人口數除以戶數後，所得的每戶平均人口數可能亦有意義。如 17 世紀的三貂社每戶人口數粗略約為 4 人，較蘭陽平原（共約 2,300 戶，10,000 人左右）一般平均每戶約 4.35 人為少，也少於同時期淇武蘭之 5.25 人。而到了 19 世紀末之新社則成長為 4.75 人。

1974；新井英夫 1936）。至於這類圖像的最早起源或成因則無研究說明。

在本次淇武蘭的發掘中，至為重要的發現之一便是出土了具有類同高冠人像雕刻的標本，呼應了過去民族學調查的採集例證。其中典型之一如上文化層所出土編號 M80 的墓葬，在這具墓葬的木質棺板上留有相當清晰的高冠人像雕刻（圖 5-5：右），比對於臺大人類學系與臺灣博物館所藏之民族學標本（可參考王端宜 1974），無疑皆具有同樣的風格。這是首次從地下出土與民族調查所見同型的木雕，一方面說明過去標本採集記錄的可靠性，也告訴我們此類木雕遠在 19 世紀以前即存在於蘭陽平原。又因為類似的高冠人像雕刻在淇武蘭即有數件以上出土，故也印證此種圖樣主要為噶瑪蘭所有的說法[12]。

一般主張「高冠人像」最直接而簡單的意義就是所謂的「祖先像」，即是一種隱含族群共同祖先的象徵圖樣。所以接續前述討論的問題就會在於：這些特徵清楚且風格強烈的木雕像為何同時被發現在噶瑪蘭族與屬於馬賽族（凱達格蘭族）的三貂社等兩個不同的族群中？是否正如前述伊能嘉矩（1898b）所主張？三貂社所在（雙溪河口附近）為凱達格蘭族與噶瑪

圖 5-5 高帽人像木雕（左：引自「國立臺灣大學人類學博物館」；右：淇武蘭遺址 M80）

---

[12] 坊間書籍或有提到高冠人像為凱達格蘭族之祖先像，但缺少客觀證據，本書亦不認同此看法。

蘭族在臺灣的共同起源地（或登陸地）。若持是這個假設，代表兩個族群是來自共同祖先，當然會有共同的祖先意義雕像。然而，這卻很難解釋為何三貂以外的凱達格蘭族都沒有這種雕像。甚至若干考古學或語言學的說法反而認為淡水河口才是凱達格蘭的最早原居地（李壬癸 1997a：83；劉益昌 2002：113），這個位置與方向和三貂社起源說的所在地相差甚遠，另外也沒有考古遺址的資料顯示噶瑪蘭曾分布於三貂附近。

對於兩個族群的共同現象，前述多選擇以「祖先」、「源流」的概念解釋，除此難道無其他可能嗎（圖 5-6）？有研究者認為「由地理位置觀之，三貂社位於噶瑪蘭平原與淡水地方的交界處，並為二地往來交通要道，由於凱達格蘭其他村落未遺有木雕，故三貂社的木雕極可能是受噶瑪蘭族影響所致。」（王端宜 1974：86）。三貂社的位置的確與噶瑪蘭接近，並且在地理上是為重要的交通孔道，因此和噶瑪蘭產生文化接觸是極為可能與自然。所以這個說法應該比較貼近事實，而接下來的重點便是所謂「影響」之所言為何？

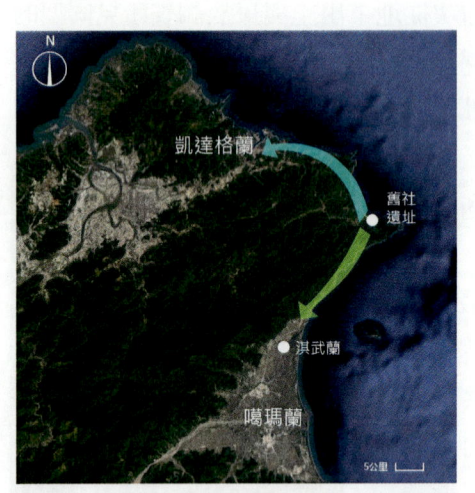

圖 5-6　凱達格蘭人與噶瑪蘭人一定是祖源關係嗎？

翁佳音（1999：66）曾提到馬賽族善於航海與商業交易，蘭陽平原沿海一帶亦在他們時常貿易的範圍內。若是，那麼三貂的人形木雕會不會是他們與噶瑪蘭交易所得？但我認為此種可能性應也不

高，同論文指出當時進行交易的交通往來是以沿岸海路為主（同上：72），即沿海各村落都有實施貿易的可能，與噶瑪蘭有交易往來的馬賽人絕對不會只限於聚落規模為一般的三貂社，但是現實的狀況卻是只有三貂社才有高冠人像木雕，其他整個北海岸的馬賽族皆無。況且，比較舊社遺址與淇武蘭遺址所出土的遺留內容，亦不見有清楚的交易器物，所以「高冠人像出現在三貂社」絕對不會只是一種單純的商業交易行為。

為何僅有三貂的馬賽人對此人像木雕有興趣？我想是此類木雕一定是具有某種特別意涵所致。民族學方面的研究者多數會同意它的特徵相當鮮明，除了所謂共同祖先象徵外，過去也被推測為儀式的參與者，或藉此有社群區辨與認同，或儀式祭儀等訊息更加具體化等功能（胡家瑜 1999：7；Chen 1968）。在淇武蘭遺址中，更有直接以墓葬棺板的形式出土[13]，所以無論是從器物本身的角度，或是根據發掘出土的脈絡資料，這類木雕應是和族群象徵與信仰有較深的關係。縱使我們對於這類人像於社群的實際功能尚不完全清楚，但從器物的稀少性、圖案的具體一致性及形象的象徵性等，幾乎已可確認它在族群文化中所具有的意義。

既然這些人像是一種噶瑪蘭族群信仰的標誌，一旦同時出現在三貂的社群中，便不能排除有某些三貂社人也接受了與噶瑪蘭相同的信仰或儀式行為，甚至是某種程度認同於噶瑪蘭。能造成這種現象的原因已經不只是單純的文化接觸或貿易的影響，應該還牽涉到根本的人口移動（例如通婚等）。而且更重要的是如果沒有社會狀態的推波助瀾，恐怕影響程度亦不及於此。

在此，不禁再度令人聯想起前述三貂社著名的起源傳說（伊能

---

[13] 從出土狀態觀之，該棺板原本應是房屋建築的一部分，或為門板、牆板與柱簷等，後來才被彎折成棺板使用。

嘉矩 1898b）是否背後另有真相，現在看來，這個傳說和事實有極端大的出入，一定有著值得探討的動機。

根據遺址資料與相關文獻，噶瑪蘭在蘭陽平原的崛起與興盛約可推算至少距今四百多年前，而當時又以位於整個蘭陽平原北端的淇武蘭最為壯大。緊鄰著此地帶的三貂社，相對就是一個直接面臨嚴重文化衝擊與威脅的小村[14]，而三貂社又位在凱達格蘭本族分布地域的邊陲，結果必然是導致族群認同意識的逐漸模糊，進而觸發族群的危機意識。於是，「三貂社起源傳說」便是在這種「族群邊緣」（可參考王明珂 1997）與文化威脅下所引發之效應，藉由所創造的「文化正統」與「民族源流」的故事來消弭傳統消失的不安，以及鞏固、維續自我族群的意識。

四、檢討與結論

（一）考古學與族群研究

在臺灣考古研究中，考古文化與原住民（或南島語族）的關係一向都是潛在的重要議題，只因長期以來礙於材料（包括文獻與考古資料）的限制，使得研究者難以直接深入這個領域，在過去只能當成臺灣考古學的一個遠程目標。

資料上的問題出在哪裡？除了是遺址與文獻記錄的年代落差外，考古遺留的殘缺與文獻的零落、偏頗也是原因。此外，在方法面上也存在著一些根本疑問，例如當考古學者進行文化史的建構時，將資料上具有類同特徵者（物質、工藝技術、生業形態，甚至是風俗、行為等）組合成一個單位，稱之以考古學文化，再以此來建構歷史。所以「考古學文化」只是研究技術上的一個過程，準備作為

---

[14] 這種威脅的來源應該包括漢人與噶瑪蘭的文化。

建構與解釋文化史的一種概念單位（陳有貝 2006）。以此是否可以直接和其他學科置於同一平臺上討論？典型的癥結便是「族群」或語言學上的「語族」皆難以對應於考古上的「文化類型」。

雖然研究者間不乏視「考古學文化」乃與族群有關（至少在目標上是如此），但理論上族群或民族的定義並不單純來自單方面的特徵類同（如物質、技術、生業等）。甚至近年來，這種客觀的描述在族群認定上是否具有效性也逐漸受到挑戰，族群自我主觀的認定或「族群認同」才被視為最接近真實的族群劃分方法。如此更造成考古學之「考古學文化」與民族學之「族群」定義間的落差。

另一個方法上的問題為族群與族群之間，或與地域間存在的動態關係，這也是不少學者所質疑之處（李匡悌 2001）。考古資料雖具有時間深度的特性，但實際上發掘者口中的「同一地層」已是壓縮了某段時間幅度的結果。地層的堆積不是絕對層次分明、井然有序，而是各時代的「擾亂層」之混合，所以嚴格而言，「層位」所呈現的也非歷史客觀的真實反映，而只是考古界闡述與研究歷史的一種選擇性的方法。研究者以這種化簡的、假設的時間橫斷面如何能說明連續的、動態的歷史？

（二）考古遺址與族群

對於上述問題，歷史時期的考古遺址是提供了一個機會，得以跳脫過去方法學上的侷限，直接深入探討族群領域的問題。因為歷史文獻的內容尤有不少非物質面的記述，可以提供考古研究有所論據。例如，即使文獻只告訴我們遺址主人所屬的族群，我們便能據此擺脫「考古學文化」是否與族群概念相對等的爭議，直接在遺址的資料層次上進行統合，這樣將遠比從考古學資料單方推論考古學文化再探索族群問題更為有效。而且考古資料是出自完整的文化脈

絡，其豐富性也常高於早期文獻記載，自然也對族群研究有極大的助益。

如在本文的研究中，幾乎避開了「考古學文化」的概念，對於淇武蘭遺址的來源問題，或是早期噶瑪蘭與凱達格蘭之三貂社的互動解釋，皆直接尋求以原始發掘資料當作根據。進一步也得以拋棄傳統考古學解釋文化關係時所常使用的「類緣性」、「傳承性」或「文化傳播影響」等較淺層表面的形式說法，而直接借用了「族群認同」（或「族群標記標準化」）或「族群邊緣」的概念，說明淇武蘭遺址的早、晚時代，或解釋噶瑪蘭與凱達格蘭三貂社的關係。

現在看來，一千多年前的蘭陽平原上所散布的人群可能尚無較清晰、共同的族群意識，外在行為或思想意識都不見強有力的規範，不一定有所謂「噶瑪蘭」概念的存在。而隨著時間發展到數百年前，人口群體已達到相當規模，有一定強勢的文化作用力及內部秩序需求，從而對自我產生堅持與清晰的認同，各種行為與思想意識上可見一致的規範，才形成具體的噶瑪蘭族群。

族群關係的問題也可以從三貂社與噶瑪蘭的互動現象窺得一貌。對於凱達格蘭與噶瑪蘭之關係，本文認為三貂社因處於本族中心的邊緣，又面臨外在強勢文化的威脅，存在著緊張的族群認同問題，故才產生了反映此種背景的特殊文化現象。對於伊能嘉矩所談及在三貂社所看到種種與噶瑪蘭的類似特徵，我認為其實就是當時社會背景下的產物。

註：本文修改自〈從淇武蘭與舊社兩遺址看族群研究〉（陳有貝2005a）。展望淇武蘭發掘資料的意義之一在於充實對古代北部平埔族群的認識，基於這個目的，2004年臺大與國立臺灣博物館選擇鄰近蘭陽平原北側的龍門舊社遺址進行合作發掘，2005

年再藉學校的田野實習課程擴充發掘成果。

透過這批資料和淇武蘭的分析與比較，現在可以知道過去被推測為族群起源地的三貂社，事實上它的地位恐怕正好相反。我們可以推想不只三貂如此，在東亞海上大貿易盛行的當時，此應是不少社群的共通現象。

本文也再度批評臺灣考古研究在方法上過度拘泥於「考古學文化」的概念，從而產生不必要的混淆，故建議對於某些議題應直接以「遺址」為對象，始能獲致合理的答案，這個想法至今仍是筆者所抱持的目標。

參、淇武蘭遺址的上、下文化層研究

第六章
淇武蘭遺址的下文化層

一、前言與說明

　　淇武蘭遺址的埋藏有早期與晚期等兩個階段，早期對應於遺址的下文化層埋藏；晚期為上文化層埋藏。相對而言，上文化層的出土資料豐富，且所屬年代晚近，有較多的文獻與民族誌資料可供比對參考，故目前也有較多的研究與成果。至於屬早期的下文化層，相較的研究少，認識不多。原因當然是出土的資料不若上文化層豐富，且在文獻上也缺乏可以參考的記錄。縱然如此，下文化層亦有它不容抹滅的重要性，例如當時的住民是從何處而來，他們和週邊地區的文化、族群有何關係？或是和上文化層住民的關係？這些都直接影響我們對於蘭陽平原噶瑪蘭族群的歷史認識。

　　淇武蘭遺址的早期文化也是一千多年前蘭陽平原村落的一般縮影，可視為本族族群早期發展的關鍵。要如何瞭解當時的文化內容？首先，一個正確的年代觀是絕對必要的，在這部分本章主要利用C14年代數據與墓葬的空間脈絡資料予以推定。其次，一般的考古研究常以歸納法綜合各種物質與非物質資料，以提出該遺址的組合要素與特徵，此乃最為典型的傳統研究法。然因為各種要素與特徵在整個文化上所占的意義並不等同，因此若要進一步更精準地認識文化全體時，即有必要對各種要素與特徵給予不同解釋。故本文在探討淇武蘭遺址下文化層的考古資料時，在方法上注重各類資料本身所代表的不同意義，並重視某些特定資料對本研究的參考價值。

本章利用的淇武蘭考古資料主要皆來自兩次發掘報告（陳有貝等 2007：1-3 冊，2008：4-6 冊；陳有貝等 2013：上、下、別冊），而焦點尤集中在陶器、外來物與墓葬，以針對下文化層的年代階段、聚落性質、生活方式及族群等相關問題進行討論。在結論部分認為，當時居民的生活和河川有著緊密的關係，縱使可能有氾濫之危險，但仍長期選擇傍河而居，對於河川亦有祭祀等活動。在週邊關係上，和島內的北部或東部一帶較有往來，和島外接觸少。居民的行為風俗逐漸形有自我特色，尤表現在特定圖樣、墓葬習俗等行為上，這些於後來皆傳承到近代，成為和其他族群有清楚認同差異的噶瑪蘭人。

二、淇武蘭遺址下文化層的墓葬與年代研究

　　年代架構的確認是為一個史前文化研究的第一步，在淇武蘭的發掘報告中，主要根據 C14 的測定結果，推定下文化層的年代約在距今 1,600～800 年前。不過，這個推測是僅限適用於目前所知遺址範圍內的資料年代，若是超出目前認定的範圍，或是位於附近區域的埋藏，其年代也有可能超越上述區間。因此，凡涉及年代問題的探討時仍須留下適當的彈性，不宜過度武斷[15]。

　　其次，上述所舉的年代是一個整體的範圍，我們還可以在這個區間中辨別出不同的早晚階段，這個分析工作尤其重要且必要，它的意義不只是歷史年代的說明，而且是下一步研究的基礎。

---

[15] 如談及下文化層的更早來源時，便不宜直接輕率認定是來自他處，有可能只是在附近地點，只是未被發現、發掘。同樣地，對於下文化層在 800 年前的「消失」，很可能只是移動到附近，基本上仍持續存在同一個活動區域。

（一）方法

　　淇武蘭遺址出土的資料大致被區分有建築木構、墓葬、灰坑，及各種考古遺物、生態遺留等類別，每個類別的資料本身都具有相當的數量，且在不同類別之間也彼此脈絡相關，整體上構成復原當時生活文化的好資料。但是反面而言，正因為資料之間彼此層層關聯，故也增加了分析上的複雜度，舉例而言，如一個灰坑現象中不僅包含人為遺物、生態遺留，而且這個灰坑有時候成為木構的柱洞所在，有時則和墓葬有打破關係。因此在方法上，除了如《發掘報告》般，從區域的坑、層資料進行傳統的分析外，仍有必要掌握某類特定資料，引用客觀、模式化的分析，建構以該類別為中心的資料與研究。

　　承上，下文試選擇墓葬為主要分析對象以建立序列階段，所持理由如下：

1. 墓葬常有固定的結構範圍，對遺留的保存有較佳的效果，也使得發掘者容易集中注意，完整且細緻地發掘出各種遺留資料。
2. 墓葬為一個獨立與完整的遺留單位，容易和其他資料清楚區別，例如考古上所重視的「打破關係」便常常出現於墓葬，可據此進行年代相關分析[16]。
3. 墓葬的組成包括葬具、人骨與陪葬品等，一旦它的埋藏年代被確立，即可延伸判斷多種考古遺留之資料。反之，多樣種類的墓葬遺留亦有助於從不同角度進行年代的推定。
4. 墓葬由幾種不同類別、彼此相關的遺留共同構成一個行為的意義，在研究分析上較單一遺留更具挑戰性與說服力。

---

[16] 「打破關係」指的是不同現象間的上下交錯關係，藉此可判定各現象發生的前後。應用這種方法進行墓葬的年代研究在卑南遺址已有一定成果（宋文薰、連照美 1988：49-53）。

此外，墓葬本身的特性也不容忽視。墓葬是人類社會中較偏重於精神層次的體現，涉及了思想、信仰、風俗或祭祀等層面，和族群的傳統特性有較直接的關聯性[17]，這對於常以物質探索為主的考古研究而言，顯得更加珍貴。

　　淇武蘭遺址總共發掘出土了 131 具墓葬。第一次的搶救發掘出土墓葬 125 具，其中判斷屬下文化層的墓葬有 35 具；上文化層有 90 具。第二次搶救發掘結果是上文化層可能有部分遭受破壞，沒有墓葬發現；下文化層共有 6 具墓葬。兩次出土相加後，下文化層總計有墓葬 41 具。

　　對於年代判定，主要先利用 C14 年代測定結果作為絕對年代的推論根據。其次是考慮各墓葬之空間相對關係，藉以推測所屬的年代階段或早晚關係。最後再整合各年代階段之墓葬，並歸納出各階段墓葬之特徵。

（二）C14 定年

　　本遺址 C14 年代送測的樣本多數挑選採集自較清楚的地層，部分則考量遺留的重要性而選定，其中多數標本為碳，少數屬木質（主要為木質棺板，以測定墓葬的直接年代為目的）。另外，標本測定的實驗室不同[18]，是否會造成影響？也是不能完全排除的因素。理論上，所測得的客觀數據結果應該無異，然因為有上述所提的變因（如

---

[17] 如《噶瑪蘭廳志》亦云「惟倫常、祭葬、婚姻尚延舊習」（陳淑均 1963：32）。
[18] 多數標本皆送至國內「臺灣大學貴重儀器中心」檢測，測定第一次發掘出土者為「國立臺灣大學地質學系碳十四定年實驗室」（資料見第一次發掘報告）；第二次發掘出土者略分為兩個時期送件，前期送「國立臺灣大學地質學系碳十四定年實驗室」（資料見第二次發掘報告），後期除 NTU-5848 樣本外，皆為「國立臺灣大學地質科學系加速器質譜實驗室」（資料見本文表 6-1）。下文所提之林淑芬所送件標本則為美國 Beta 實驗室（資料見第二次發掘報告）。

標本質材、時空因素），所以還是不得不加以注意。

　　舉其中較明顯的例子而言，便是第二次搶救發掘出土之 M135 墓葬的測定，使用 M135 的木質棺板所測得年代為 1,620 ± 40 B.P.（校正：1,605 ~ 1,409 B.P.；NTU-5848），但這個墓葬在地層層位是下文化層的中上部，亦即下文化層時代的中晚期，而就過去多數資料所知，它的實際年代應比 1,620 ± 40 B.P. 晚很多。後來再對 M135 墓葬之底部取出的碳素標本進行測定，結果為 939±10B.P.（校正：863 ± 42 B.P.；NTUAMS-394），顯然這個年代較為合理。若比較以上兩個 C14 年代，木質標本的測定結果較早於碳素標本約有 700 年。

　　另一個是 M134 的墓葬測定，以該墓葬木質棺板的測定結果為 2,060 ± 50 B.P.（校正：2,148 ~ 1,898 B.P.；NTU-5732），此結果仍然較過去所認識的數值偏早頗多。再使用同坑下層的碳進行測定，結果為 1,421 ± 10 B.P.（校正：1,322 ± 10 B.P.；NTUAMS-403），反倒比木質棺板測定結果為晚。M134 在地層上的位置亦在下文化層的中上部，又是木質棺板測定的結果較從來的認知偏早許多。

　　檢討造成上述現象的原因，一個可能是不同材質之測定標本所造成，或是和第一批與第二批送測時不同單位之測定條件有關，只是事實是否如此？尚不得而知，於此僅提供參考。另外的可能原因是木材最早的取用年代本來即會早於做成墓葬棺板的年代，意即如果使用的是已砍伐下數百年的木材來製作木棺，自然會造成如此結果。至於「以數百年前砍伐下的木材來製作棺板」是否為常態？目前僅能據參考 M80 的例子，知道「木材棺板可以取自其他構件如房屋建築等」。而且正如前文所述，不能排除附近有較早期聚落的可能，那麼這個推測依然有成立的可能性。

　　此外，某些區域的地層堆積頗有被嚴重擾動的跡象。原本於下文化層時代的當地住居人群不多，但到了上文化層時代，因村落人

群大增,導致行為活動密度高且多樣,例如墓葬、坑穴或是村落建屋基柱的挖掘與埋置都為上、下地層帶來嚴重的擾動。

表 6-1　C14 年代測定資料

實驗室編號	炭樣編號	坑號	層位	採樣高度／海拔 (cm)	測定標本	測定年代 BP	校正年代 BP
NTU-5848	J3R-T3P4	3R-T3P4M03	L14	-187 ~ -207	木	1620 ± 40	1409 ~ 1606
NTUAMS-397	KWL-J C22	3L-T2P5AM01	L16	-141 ~ -178	碳	1142 ± 10	1038 ± 25
NTUAMS-403	KWL-J C23	3L-T2P6C	L14	-141 ~ 151	碳	1421 ± 10	1322 ± 10
NTUAMS-398	KWL-J C24	3R-T1P6BM05	L13	-126 ~ -184	碳	1233 ± 10	1194 ± 34
NTUAMS-420	KWL-J C25	3R-T1P5DM06	L19	-174 ~ -191	碳	4301 ± 40	4895 ± 45
NTUAMS-399	KWL-J C26	3L-T1P4	L10	-161 ~ -171	碳	1330 ± 10	1285 ± 5
NTUAMS-400	KWL-J C27	3L-T2P2	L18	-181 ~ -201	碳	1688 ± 10	1586 ± 19
NTUAMS-421	KWL-J C28	3L-T2P2	L25	-271 ~ -281	碳	4265 ± 30	4847 ± 10
NTUAMS-450	KWL-J C28	3L-T2P2	L25	-271 ~ -281	木	1484 ± 15	1371 ± 16
NTUAMS-422	KWL-J C29	3L-T2P5	L13	-101 ~ -111	碳	4631 ± 35	5385 ± 57
NTUAMS-395	KWL-J C30	3L-T2P5	L7	-21 ~ -31	碳	312 ± 5	375 ± 48
NTUAMS-391	KWL-J C31	3R-T1P5	L15	-131 ~ -141	碳	1566 ± 10	1466 ± 37
NTUAMS-392	KWL-J C32	3R-T1P6	L9	-51 ~ -71	碳	132 ± 5	131 ± 101
NTUAMS-396	KWL-J C33	3R-T3P3	L10	-131 ~ -141	碳	1415 ± 15	1320 ± 12
NTUAMS-448	KWL-J C34	3R-T3P5	L11	-141 ~ -161	碳	1233 ± 15	1147 ± 42
NTUAMS-401	KWL-J C35	3R-T3P3	L14	-181 ~ -201	碳	428 ± 10	506 ± 5
NTUAMS-449	KWL-J C35	3R-T3P3	L14	-181 ~ -201	碳	343 ± 15	396 ± 56
NTUAMS-402	KWL-J C36	3R-T1P4	L6	-21 ~ -31	碳	1205 ± 10	1129 ± 33
NTUAMS-394	KWL-J C37	3R-T3P4	L16	-222 ~ -232	M03 底板西北側下方出土碳	939 ± 10	863 ± 42
NTUAMS-349	KWL-J C38	3L-T2P6	L15	-141 ~ -151	碳	1234 ± 10	1199 ± 30
NTUAMS-350	KWL-J C39	3R-T1P4	L10	-41 ~ -51	木	446 ± 5	512 ± 3

由此可知少數 C14 年代結果尚存有疑問，應用時仍須先小心檢討。地質研究者林淑芬曾使用在地層堆積上較為單純的碳素標本（探坑：1L-T1P2）進行 C14 年代測定，埋藏深度由深而淺的 4 件結果分別是 1,630 ± 30 B.P.、1,360 ± 30 B.P.、910 ± 30 B.P.、140 ± 30 B.P.，非常合理有序地呈現本遺址的整體參考年代（見第二次發掘報告）。

總計過去，所有淇武蘭遺址成功測定的 C14 年代數據共有 71 件，而在兩次的發掘報告中發表了 50 件，尚剩餘 21 件，此測定結果如表 6-1：

（三）墓葬的空間脈絡關係

關於墓葬之空間脈絡，第一個可參考的資料便是墓穴開口的地層年代，理論上此即為墓葬埋入的年代。

第二是假若不同墓葬（或與其他結構）間具有打破、壓疊關係，則可藉以判定它們的相對早晚。

第三是若各墓葬在平面的空間位置呈現特定關係，則各墓葬極可能屬同一時代。如遺址中有部分墓葬彼此並鄰或有意做特定排列，且埋葬方向、深度等形式也類同時，在這種條件下，此批墓葬屬同一時期的可能性便極高（圖 6-1）。

（四）陪葬品定年

陪葬品中的某些特定器物如陶瓷器可作為年代判斷的參考，惟器物從產地、中間地再輸入至臺灣將會產生年代落差，所以製造生產的年代並不等同於當成墓葬陪葬品的年代。而且淇武蘭墓葬中具有外來陶瓷陪葬品者皆屬上文化層，因此對於本文討論的直接幫助不大，僅可據此確認該墓葬非屬下文層範疇。

總之,本年代推定乃是以上述 C14 測年及墓葬脈絡關係分析為主要方法,再綜合考量各墓葬狀態與特性,選擇利用可信度較高之資料,以導引出較合理的年代判斷。以下列出分析結果[19]:

1. 下文化層早期:有 M56、M57、M62、M63、M64、M66、M98、M117、M136、M137、M138 等 11 座;距今約 1300～1100 年前。
2. 下文化層晚期:有 M122、M123、M124、M131、M133、M134 等 6 座;距今約 1,099～900 年前。
3. 下文化層末期:目前僅有 M135 一座;距今約 899～800 年前。

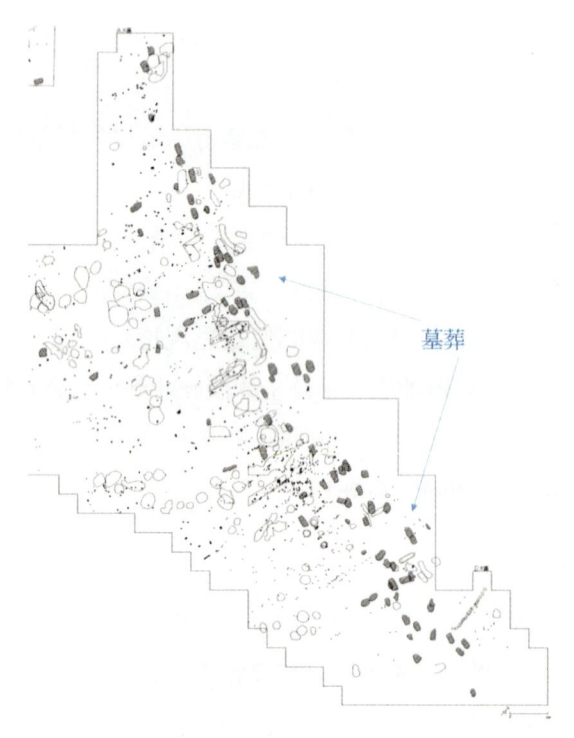

圖 6-1　淇武蘭墓葬平面分布圖(一部分)

---

[19] 詳細可參閱〈宜蘭縣淇武蘭遺址的下文化層研究〉(陳有貝 2016a)。

三、下文化層各階段的特徵與變化

決定了年代架構後，下一步是希望整合瞭解各個時代的特色，以及隨著時代所產生的變化。關於這部分，以下仍以墓葬資料為分析對象，說明如後：

據表 6-2 所載，在葬具方面，絕大多數的墓葬有蓋板及其上方標誌物，而隨著時代較晚，有較多的側板與端板出現，也就是「棺」的形式趨於完整。蓋板上方通常放置 2～3 顆大石頭作為標誌物，未隨時間改變。蓋板幾乎也是必備的葬具，但很清楚的是早期多以石板為蓋板，晚期多改成木板。綜言之，在墓葬人骨上方置放蓋板，然後再放置 2～3 件大石塊乃是下文化層人對葬具最典型的認知。隨著時代漸晚，這種模式基本上仍然持續，只是蓋板由石質改成木質，且木質的側板與端板也增多，或發展為棺狀，技術上這種現象（利用木質物）可能和鐵質工具的廣泛利用有關，而習俗上改用木棺或和漢人帶入的文化影響有關。

在陪葬品方面，多數都帶有 1 件陶容器，較特別的是早期的容器種類有數例是來自島內其他地區的特殊器形，顯示這類外來品有特別的意義。到了晚期、末期，以陶容器陪葬的習俗仍然存在，可惜從資料上並無法確認它們的器形。非容器的陪葬品常見玻璃小珠與瑪瑙珠、石錘與砥石，另如鹿頭骨應也是陪葬品中的一類。早晚之間，墓葬品的種類、數量似不見明顯差異。

在人骨方面，有不少呈現蹲坐姿或屈肢。這種姿勢大致是將四肢曲折，軀幹以直立或仰身斜躺的方式一次置放。值得注意的是早期的姿勢似乎較鬆散，到了晚期、末期的有些墓葬發現了有人身綑綁的痕跡，顯示開始注重姿勢的固定化。葬制中也見二次葬，多見於早期，而二次葬的葬具或陪葬品未見和一次葬不同，對其成因與

表 6-2　下文化層各時期的墓葬資料

		葬具			陪葬品		人骨	
	蓋板上方標誌物	蓋板	側板與底板葬具	容器	其他	葬姿		其他
早期 M56	2 顆石頭	石板	無	素面陶瓶 1	小磨石 1	不易辨識、蹲坐		
M57	3 顆石頭	石板	無			不易辨識、蹲坐		
M62	2 顆石頭	石板						
M63	3 顆石頭	石板	底板	帶把折肩罐 ? 1		二次葬		
M64	3 顆石頭	石板						
M66	1 顆石頭	石板			瑪瑙珠 2、玻璃小珠 2	二次葬		11 歲
M98	2 顆石頭	石板		橫把小圈足大陶罐		不易辨識、蹲坐		30 歲以內擾亂嚴重
M117		石板						
M136	1 顆石頭	木板 ?	木側板、木端板 ?	陶片 40（可拼合 1）	玻璃珠 6	屈肢		青壯年
M137	2 顆石頭	石板		陶片 53	玻璃珠 1、小石錘 1、石器 1、鹿齒 ?	二次葬		男性成年
M138	石頭 ?		石端板	陶片 17、石塊 1、鹿頭骨 1		屈肢		
M122						屈肢		
晚期 M123	2 顆石頭	石板						
M124	1-2 顆石頭	石板	木底板、木端板		藍色玻璃小珠 1	不易辨識、蹲坐		
M131			木片 ?	陶器	圓形石錘 1			
M133	4 顆石頭	木板	木底板	陶片 86	砥石 1、玻璃珠 1、金沙 2	屈肢		
M134	3 顆石頭	木板	木側板、木底板	陶片 14	玻璃珠 2	屈肢、綑綁 ?		
末期 M135	2 顆石頭	木板	木側板、木端板、木底板	陶珠 1、陶片 4		屈肢、綑綁 ?		

意義仍不明[20]。

據以上，歸納與延伸出的幾點看法如下：

（一）從墓葬現象看來，下文化層數百年間的居民是延續同一個文化傳統，表現在墓葬行為的最典型模式便是將死者置放成蹲坐姿，再選用少數陶容器或瑪瑙、玻璃珠類、石器、鹿頭骨等陪葬，埋入後上置蓋板，蓋板上方放幾件大石頭為標誌。

（二）除本地外，其他地區都不見和上述完全相同的埋葬行為。同時期有些族群使用如橫臥的蹲坐姿勢，即所謂側身屈肢葬（如十三行遺址墓葬）；有些族群使用同樣的直式蹲坐姿，但使用完整的石棺，也沒有上方的標誌石塊（如南仁山遺址、社頂遺址），這些與淇武蘭墓葬的差異仍是非常容易區辨的。

然而，整體間淇武蘭下文化層的墓葬仍是含有內在差異性，並不是一種嚴格的模式，可視為一種較鬆散的人群風俗、習慣，而尚不成為固定禮俗、儀式的階段。

（三）隨著時代的改變，淇武蘭墓葬也呈現某些變化，最顯著為原本使用石製蓋板，到了晚期、末期遂改成木製蓋板，並有完整木製棺具的出現，而原本的二次葬習俗可能也逐漸減少。對於這些改變，我們皆可能找到合理的解釋。例如木製化的現象應該是和鐵器的大量運用有關，而完整的木製棺具應是受漢人習俗的影響。

（四）下文化層的墓葬行為基本上一直延續到上文化層時代，其中如標誌物與蓋板的連續性變化過程都極為清楚[21]，而以陶容器

---

[20] 也有可能是後世人群因對之破壞、再葬的結果（陳有貝 2006）。
[21] 從下文化層至上文化層階段，墓葬葬具的改變依序為：石質標誌物＋石質蓋板，石質標誌物＋木質蓋板，無標誌物＋木質蓋板，木質蓋板＋木端、側板。整個過程呈現出連續性變化。

陪葬或是蹲坐的葬姿最後都成了上文化層的主流形式。

墓葬行為本身從一種原本是鬆散的風俗習慣，最後成為較具特定意義的固定化模式，例如為何村民們要將死者身體刻意綑綁成蹲坐的姿勢？一定是有它背後在社會共同認定上的含意。

總之，淇武蘭早期社會的「風俗」已逐漸和其他地區有所差異，內部呈現某種類似性，並隨著社會的工藝技術（如鐵器）以及與外界的接觸影響（如漢文化）而改變。這個文化傳統一直延續到晚期，並趨於嚴格化，從原本的「風俗」轉變為含有特定意義的「禮俗」。

四、下文化層的重要遺留與討論

確認了下文化層的年代與風俗行為的變化趨勢，後文將再舉出考古資料，探討其文化內容並推測本聚落的大致形貌與性質。

（一）家屋與聚落

對於房屋聚落建築的判斷依據主要來自遺址中殘留的木柱、石板等遺構。整體看來，當時房屋多建於河川南側的曲流內側沖積坡面，沿河川南北延伸排列，各個家屋與格局的差別應不大。

在發掘報告中，曾根據上文化層的木柱分析有如下之復原描述：

> 建屋之初，先挖長方形柱溝……，所蓋主建築為長方形，面朝東，寬 3 m……，主屋主結構約長 8 m，……主屋北側再往北搭蓋，……可能屬於半戶外空間，灰坑……就是位於半戶外區域。（陳有貝等 2013：下冊，142）

這個推測應該也適用於早期的狀態。但是此時的人口數較晚期少，僅約四分之一弱（見後文），所以聚落的規模應該也較小。

除房屋建築外，尚發現一處相當特殊的遺構（考古發掘記錄編

號H281）。這是由120件較大石塊整齊排列而成的舖面，長寬約3×5 m。在舖面的南側邊緣近中央處另立有2件石柱，呈面向河道的方向，應為此建築的門道。從此門道往南可見約有10件大小石塊（H282），每件石塊之間相距約數十公分至1公尺餘，從北（遺構）向南側（河道）緩降排列，很清楚地是作為連接H281到河川之步道。這個現象表示H281的意義是一個明顯與河川有著緊密關係的結構（圖6-2）。

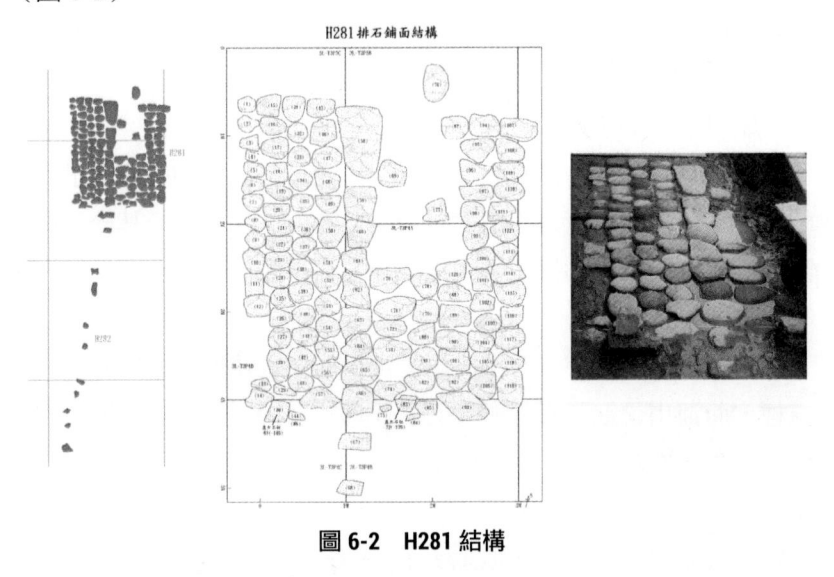

圖6-2　H281結構

H281的舖面高度較文化層高出有數十公分，說明這個建物乃高出於當時的地表面。另在舖面以外並未發現其他遺構物，所以不知地板舖面上方的外貌，只能推測應是屬木材、茅草一類的建構物。而H281最特殊之處便是所有石塊排列極為整齊、方正，各石塊多依其外形被仔細的調整排列，這是在他處的考古發掘中極少見的「特例」。這個結構物的形態和淇武蘭一般木柱結構不同，所以不是普通家屋；因為只發現一處，所以是聚落村民共同所使用；又從整個

建構的精緻、用心程度看來，用途也非一般，相對可能是和信仰、祭祀等精神層面的行為有關；再據有 H282 的石列連接到河川的現象推斷，行為的目的、對象應該是和河川、水流相關。所以，H281 呈現出的是「與河川相關」、「特殊意義場所」、「村民共同活動」等特性，總括這些特徵考量，最可能便是一處以河川祭祀為目的的聚落村民共同信仰活動中心。

假設 H281 真是一處祭祀河川的場所，那麼最主要的祈願為何？是和族群源流的認同有關（如起源傳說、神話），或是生業活動（如農作灌溉祈求），或居住安全（如洪水氾濫問題）等。

如果如前文所述（參見第四章），淇武蘭於下文化層的末期以後曾歷經洪水氾濫（林淑芬等 2010），也就是說這類的威脅是存在的，那麼便不能排除河川祭祀目的與此有關。另方面，基於農業灌溉的需求也是合理的推測，因從多種考古現象已知淇武蘭的早期應有相當程度的農業。

到了上文化層時代的淇武蘭，貿易成為維持聚落興盛的最重要支柱，而河川是進行對外貿易的主要通道，因此河川對於聚落居民仍同樣有著絕對的重要性（陳有貝 2016b）。在考古發掘中，從下文化層出土了農業用的木鏟（沒有木槳）；從上文化層出土了 10 多件划船用的木槳，也許恰好地說明了各時代的不同重點（下文化層重生業；上文化層重交通貿易）。

得子口溪對於淇武蘭村落的意義或許在早、晚階段各有不同，但卻始終和居民有著難以分割的關係。現在，當地村民每年皆在這段河川上舉辦「二龍河競技」，是為帶有河川祭典意義之重要盛事，據傳其起源乃來自平埔族早期傳統[22]，或許這正是當地從古代以來重視河川之遺風。

---

[22] 因為是以「划龍舟」的方式舉辦，容易被誤認為是漢人習俗（圖 6-3）。

圖 6-3 淇武蘭的「划龍舟」

（二）人口

關於當時村落的人口，可以試從墓葬資料估算如下：

兩次發掘出土的下文化層墓葬共 41 座；上文化層共 90 座，換算成兩者的比例約為 4：9。但這些並不是同一個時間點的墓葬，而是屬於整個延續時期的墓葬總數。其中下文化層的延續時間從距今 1,600～800 年前，計有 800 年；上文化層從 600～100 年前，計有 500 年，所以兩者的年代長度比約為 8：5。將上、下文化層的墓葬數各自除以年代延續長度後，再比較兩者，得出下文化層的平均數量約為上文化層的四分之一強（(4÷8)÷(9÷5) = 0.278），即下文化層的長期平均人口約是上文化層的四分之一強。據文獻，上文化層人口最多時達 160 戶，840 人，人口少時不及 100 人。那麼若以平均約為 470 人計算，下文化層便是約 130 人（470×0.278）。若每戶 5 人，則有 26 戶。

類似大小的村落與人口亦常見於文獻記錄，在蘭陽平原上大致屬於中小型村落規模。這也表示早期的淇武蘭其實就是一般常見的村落形態。

淇武蘭在晚期曾經一度人口大增，直到距今約 100 多年前，人口始減至 100 人上下（1895 年，89 人），這個數字又回復到與下文化層時代相當。換言之，這個規模似乎是淇武蘭村落的一般穩定狀態。

（三）陶器

淇武蘭下文化層的傳統陶器多為灰色系夾砂陶，質地稍軟，器形多為罐，表面常見幾何印紋，而且這種紋飾出現的比例非常高，遠超出平原以外的遺址陶器，這點幾乎已成蘭陽地域陶器的最大特徵。一般而言，陶罐多數的外形、大小皆和上文化層出土者相差不大。惟若干的器形明顯較大，部分頸部的長度或較高或素面無紋（參見圖1-13，左1），此點和上文化層不同，或可說整體上有較大的變異度。此外，器身亦常見煙炱痕跡，可知多為實際生活用物。

另一類如陶瓶，從質地亦可判斷為本地產，但用途與罐不同。

部分特有的陶器則無論從器形或質地的角度，都指向是來自外地的產品。例如體形較大，帶橫把與小圈足的大型罐，或是帶把折肩罐等（參見圖1-13，右兩件），這些陶器的來源多在蘭陽平原以北、以南等兩地。

統合上述陶器的用途與意義，基本上數量最多的幾何印紋陶罐就是傳統主流的陶器，是實際生活中所使用；若干特殊外形的陶器（如瓶形器，參見圖1-13，左2）或是祭祀、儀式等特定行為所用。至於非本地製造的產品，部分除了是透過貿易交換得來外，因為有不少是出自墓葬（尤其是外形特殊者，參見表6-2），這暗示著亦可能是透過個人或家族的脈絡，如人的移居或通婚等行為進入到本村（理由見後文）。

（四）硬陶、瓷器及其他外來物

淇武蘭下文層極少出土外來的硬陶與瓷器，和上文化層大量出土外來陶瓷的現象形成很大的對比。金屬用具的種類和數量亦不多，稍多者僅限於瑪瑙與玻璃製的裝飾品，特別是前者有著較普遍的數量。

就一般臺灣考古的認知,硬陶、瓷器、金屬器、玻璃等多是輸入自島外,淇武蘭下文化層的這一類器物明顯較為稀少。推測原因,應該是時間上早於東亞海上貿易的盛行時期;在空間上淇武蘭亦非位於沿海,較不利與島外直接貿易的結果。

相對而言,陶器中的外來製品就較為常見,因這類器物是來自島內他地,這就是表示當時淇武蘭人的對外接觸對象是以島內他地人群為主。

總結以上村落、人口、墓葬、本地產的陶器、外來物等考古資料,現在對於淇武蘭下文化層的人群生活已可作如下推想:

本階段約在臺灣鐵器時代的中期,此時的淇武蘭尚是一個中小型規模的村落,平均約有20餘戶,共100多人,而每戶人口或約5人。一般家屋主要是木構建築,多靠於河岸,尤其是南岸的淺坡處。這種地理位置可能有利於河川淡水的取汲,目的是生活使用與農業灌溉。

農業是村落居民的重要生業來源,陶器則是重要的生活用品,製陶在工藝製造中占有重要的分量,尤其村民們對於傳統有著幾何紋飾的陶罐似乎相當喜好或認同。另一種受到普遍重視的器物是瑪瑙製成的各種珠子,這類珠子除了有裝飾用途外,或許還帶有一些價值與精神上的意義。

生活中還有一些儀式與祭祀的活動,例如埋葬時選用石板與石塊作為蓋板和標誌,這種傳統延續至後來而改以木質葬具,整體上形成一種辨識度極高的墓葬形態。此外,因為河川和村民生活緊密相關,它是獲取資源的對象,但也是災害威脅的源頭,所以對於河川也有對應的祭祀行為,以及相當工整建蓋於河邊的祭祀用建築。

約於同時,臺灣若干沿海村落已經開始有長距離的島外貿易網絡,但此點在不臨海的淇武蘭村落尚未興起,僅是和島內(主要從

蘭陽平原向北與向南）其他人群維持自過去以來一定的往來，甚至包括通婚與人群的移居等，藉由這種方式帶入新的器物、技術、知識，以及外來人口。而部分島外的產品也是透過這種途徑進入蘭陽平原。

基本上，我認為這個村落所給予的整體印象便是一種「非封閉型之自給自足的平原小村」，即主要的生活核心物資乃仰賴村落本身的生產，獲自外界的外來品通常並非生活必要，但適當維持了聚落的文化開放性，這應該也是當時蘭陽平原內陸村落的一般景象。

五、傳統與變遷

所謂文化並非一成不變，一時的生活剖面圖像並不足以說明族群文化的全貌，故以下再以陶器、外來物、墓葬、特殊紋飾為對象，說明淇武蘭的古老傳統文化，以及它在新時代中產生的新面貌。

（一）陶器

毫無疑問，幾何印紋陶罐是淇武蘭最具代表性的器物，在這個意義之下，我們還可以再深一步分解，討論它次一層的意義，包括器形、質地與紋飾，以反映它的文化內在。

首先是器形，它的意義常被視為個別地域文化、生活傳統的產物。淇武蘭下文化層的陶器是以短頸、無把、無圈足的小型鼓腹罐為主流，這種器形並一直延續到晚期，也一直保持作為生活上的實用器物。這個現象大致說明了噶瑪蘭的傳統飲食生活方式曾持續頗長的時間。

質地，可視為地域環境的材料條件或陶業技術的反映。淇武蘭早期的陶器質地有相當程度的一致性，代表村民全體有著類同互通的工藝技術。到了晚期，全體陶器質地明顯變硬，這種現象和漢人

技術的影響或陶瓷觀念的引入不無關聯。

至於紋飾，它的第一層意義解釋為風格與流行。淇武蘭早期以來常見的幾何印紋在臺灣可從鐵器時代早期一直延續到原住民的歷史時期；在空間範圍上，從北臺灣往西南到新竹苗栗、臺中，往東則北至蘭陽平原，南至花蓮北部，分布相當廣泛。由於跨越地理範圍大且時間連續，所以淇武蘭的紋飾基本上應視為風格流行的呈現。紋飾的再次一層意義是特定意義化的表現，這種現象可能尚未見於淇武蘭早期，主要的理由是早期的幾何紋飾主要僅見於陶器，不若晚期已漸出現在各種不同器物（如菸斗、紡輪、木器、骨器等）。所以早期的幾何印紋仍僅限是附屬於陶罐上的風格表現，直到晚期，紋飾本身才有自我意義，並轉化成族群的表徵。

整體看來，早期的淇武蘭文化呈現相對穩定與保守的社會氛圍，此時的「外來」僅有來自島內其他地域的要素。證據如一種帶橫把的大型圈足罐（圖6-4），來源明顯與花蓮的靜浦文化有關（臧振華、劉益昌 2001：64-65）。另

圖 6-4　晚期墓葬的陪葬品：帶橫把大型圈足罐

一類是侈口折肩圈足罐（圖 6-5），外形與十三行遺址出土之頗著名的單把折肩人面紋陶罐極為相似（同上：50，52，54），由於其陶質屬十三行遺址主流，故淇武蘭所出者亦應是來自北臺灣。這些外來器物的外形相當特殊，具某代表性，而且也被當成墓葬中的陪葬品，故本身應該是附帶有特定意義，而非單純只是貿易交換所得。

圖 6-5　侈口折肩圈足罐

（二）外來物

外來物指非本遺址聚落所製造，或來自島內他地或島外者，獲取途徑亦不完全屬貿易、交換品。

下文化層的外來物基本上可區分為兩大類，來自島內者以陶容器為主；來自島外者僅有極少量的瓷片、實用金屬器，以及質地為玉石、瑪瑙、玻璃或金屬的裝飾品等。兩類各有不同的來源管道，意義亦不同。

來自島內他地者以特殊的陶容器為主（參見前節），所言「特殊」指的是即使在輸出地，它也是較少見、特別的器種。此點無疑值得注意、思考，十三行村落為何不是輸出最常見的幾何印紋陶罐（淇武蘭未發現），反而是較少有的特殊陶器，而且在輸入地淇武蘭，它被使用於陪葬。似乎這種器物的價值並不在實用性，來源途徑亦非一般單純的貿易交換。據民族誌，某些原住民社會有婚嫁時帶著原生地的陶容器前往，死後則用以陪葬的風俗[23]，或許淇武蘭的外來陶容器也是這種風俗行為的產物。

來自島外的外來品基本上為臺灣同時期遺址所常見。而從本地出土數量的稀少性看來，當時與外界並未形成直接、固定的貿易或交換模式。甚至這些少量的外來品還有可能是間接來自平原內外的其他村社。

種種訊息顯示早期淇武蘭的貿易、交換並不盛行，來往接觸對象是建立在過去以來即存在的人群的實質來往。後來隨著時代的變

---

[23] 尤見於母系社會，如阿美族男性的祭器 dewas。噶瑪蘭亦為母系，故可能性亦高。

化，便在這個基礎上拓展物品的交換與貿易。一直到了淇武蘭晚期時代，貿易往來的對象才轉向為島外，這對早期以來的淇武蘭聚落則是很大的突然轉變。

（三）墓葬

墓葬反映的是人群對死者的埋葬風俗行為，研究上可分解成葬具、葬姿與陪葬品等三類討論，以下說明：

如本文前述，早期的典型葬具是以石板為蓋板，蓋板上方常放置 2～3 件大型石塊。後來將石質蓋板轉換成木材蓋板，然蓋板上仍維持著置放石塊的習慣。最後，則有木質棺具的出現，此時上方的大石塊便逐漸不再使用。

在這個過程中看到的是整個葬具呈現一定的形式與延續變化（圖 6-6），其中從石質改為木質所反映的是以鐵器工具取材技術的廣泛應用。

圖 6-6　淇武蘭墓葬葬具的連續性變化

在葬姿方面，多見將死者以蹲坐的形式埋入，到了後來這種姿勢被定型化，甚至以網綁的方式硬性將死者固定為蹲坐姿。此風俗延續至上文化層及近代，成為蘭陽平原墓葬的普遍形式。在這個長時間的過程中，不變的蹲坐姿是居民對死者應有姿勢的中心意識，而且這種思想日益穩固（所以採用了網綁的方法）。

至於陪葬品，下文化層墓葬中出土的數量比例不高，常見只是少量的陶容器，部分或配合有少量裝飾物。就種類而言，陶容器顯然是當時生活中極重要的器物，所以也被贈予至人死後的世界；部分外來陶容器還可以進一步反映個人的出身原所在地。考古上的裝飾物陪葬品的實質意義有二：一為死者自身所有物（衣服上的裝飾等），一為親人朋友獻給死者的禮物。如果屬衣飾，通常有較多數量，然觀察下文化層墓葬出土的裝飾物陪葬品數量都屬個位數，所以屬禮物的可能性高。除了人為器物外，有些墓葬是以鹿頭骨為陪葬，同樣也是屬於禮物的概念，從這類可以看到當時的物質文化狀態與社會價值。

由以上可瞭解淇武蘭墓葬雖是一種風俗行為的表現，然進一步還發現其中的葬具選擇是和環境資源的利用有關；葬姿和族群的思想意識有關；陪葬品則可反映社會價值。下文化層時代在這幾個特徵之中，代表思想意識的葬姿延續最久，甚至更趨向固定一致；葬具則因資源利用技術而快速改變；陪葬品也因後來社會（上文化層）中有更多物資，以及對物資價值觀感的改變而不同。

無論從整體或個別特徵，下文化層的墓葬行為都是同時代的其他地區少見，它的傳統尤其表現在葬姿的更強化，葬具的延續性，以及陪葬品的價值觀等方面。但隨著村落社會性質的轉變，這套行為在晚期終究產生變化。

（四）特殊紋飾

在下文化層出土了帶有某類紋飾的陶器（圖 6-7），如編號 P04915097 的頸部上下劃有平行紋，中間為對向的斜線或其他等，下方器身則為素面（陳有貝等 2008：4 冊，141）。類似的紋樣尚有少數出土，如 P30018238 等（陳有貝等 2013：下冊，159）。此外若參照所謂的人群紋陶片（同上：147），或許這類紋樣和原初的人形也有關。

圖 6-7　特殊刻劃紋陶片（左 2 件 P04915097；右 1 件 P30018238）

上述紋飾的特殊性也呈現在製成技術上。因為一般陶器上的圖樣多數都是拍印成紋，僅如上述少數才是以尖狀物刻劃成陰文，此點突顯出本類紋樣的特殊性，製作者似乎有刻意強調的目的。

另在上文化層出土了幾件有戴高冠的人像雕刻物件，這些型制特定的圖像也出現在近代噶瑪蘭族群的物質文化中，被認為與噶瑪蘭人對祖先的認知或崇拜有關。觀察這些刻有人像的木雕版（如 M080W06、H10000W15、M080W07、M080W08，陳有貝等 2008：5 冊 25-27），多連結刻繪著類似 P04915097 的圖樣（平行紋，中間有對向的斜線紋或其他），風格頗類似（圖 6-8）[24]。

---

[24] 此類紋飾都是以尖狀物刻劃而成，下文化層 P04915097 的圖樣是刻劃於陶器上，上文化層的圖樣是刻劃於木板上。所以前者的線條較粗略；後者較細緻，此為施紋的對象物不同所造成。基本上，圖樣本身是類似的。

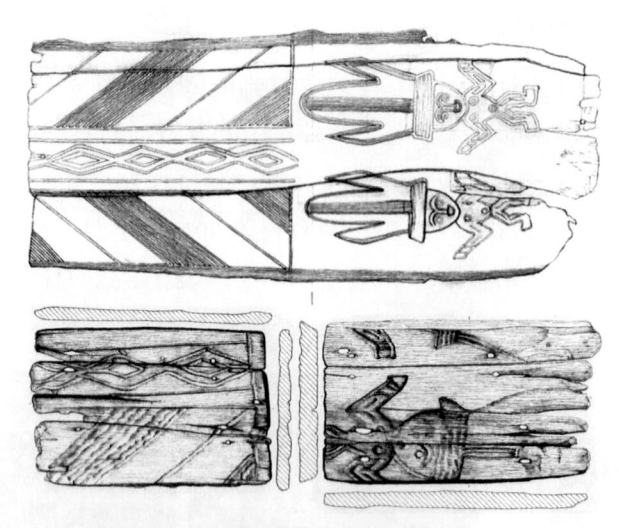

圖 6-8 對向斜線紋與高冠人像
（上 M080W06；下 M080W07 及 M080W08，比例不一）

　　如此看來，不僅高冠人像是一種聯繫本遺址上文化層與噶瑪蘭的關鍵性證據（參見第三章），高冠人像旁邊的圖樣（平行紋夾對向斜線紋）又是一種聯繫下文化層與上文化層的特定圖樣，甚至這種圖樣可能也和高冠人像的意義接近（如前述，可能為原初人形之表現）。

　　P04915097 的質地屬於第二類陶，是下文化層的主流質地，所以可以確定是本地人群所自製。它的圖樣強化了淇武蘭在時間早、晚的文化連結。換言之，人群利用「平行紋夾對向斜線紋」發展到「高冠人像」，並擴展成噶瑪蘭普遍、共有的特徵。

六、結論與問題

　　本章探討淇武蘭遺址下文化層的內容，包含了它的年代階段、村落性質、人口、生活方式、器物、傳統文化與時代變遷等。

距今一千多年前,蘭陽平原的得子口溪雖然常有氾濫之危險,但河水提供生活所需及農業活動的灌溉,故村民多傍河而居,同時對於河川亦有祭祀活動等,以求減低這種選擇所帶來的災害威脅。

推估早期淇武蘭村的人口約 100 餘人,20 多戶。生活中開始有了鐵器的利用,石器隨著時代漸少,木器漸多。陶器,則受到當時整個北臺灣風格流行的影響,以自製飾有幾何印紋的罐形器居多,少數特定陶器來自週邊地區,很可能是伴隨人的移動而帶入。人死後一般葬於聚落內,早期多用石板加蓋,上置石塊,後來的葬具雖然多改木質,但逐漸形成一致的蹲坐姿葬法。當時與外界的接觸少,無固定化貿易模式,僅透過接觸、交換或其他方式獲得少量外來物。居民可能有初步的族群認知,漸有自我文化特徵,尤表現在繪畫圖樣、墓葬習俗等行為上,並於後來傳承至近代,成為和其他族群有清楚認同差異的噶瑪蘭人。

近代的文獻清楚記載到了 17 世紀的淇武蘭乃是一個大型村落,然而考古資料卻顯示早期的淇武蘭(距今 1,600～800 年)並無異於蘭陽平原一般的中小型村落。究竟後來因何緣故,這個村子一躍成為北臺灣最大村落?又為何是淇武蘭,而不是其他村落?

對於上述問題的一個重要線索是:考古地層顯示在下文化層末期因得子口溪的水患淹沒,原來的淇武蘭村一時失去人跡,但如此過了 200 年後,村民卻願意「冒著危險」大舉回到原居地?想必這是本地點有他處無法取代的優點,所以即使有河川氾濫的威脅,依然遷回故地。

第二個線索是:距今一千多年前,如十三行遺址、漢本遺址、花岡山遺址、舊香蘭遺址等皆在考古發掘中出土了豐富的外來物,甚至也有性質較特殊的器物,反映這些村落在當時所扮演的貿易角色。值得注意的是這些遺址的共同特色便是都位於沿海地區,有著

與外界容易接觸、往來的優點。所以，對外交通便利的海岸地點是當時聚落得以發展的一個重要因素。只是，淇武蘭並不屬於這種類型。淇武蘭是一個典型的「河川型」聚落，在早期時代，似不具特殊條件以發展為大型村落。

但是，後來隨著整體對外貿易的興盛以及漢民族的移入，造成平原內的貿易變得日益重要，新的局勢促使內陸村落扮演此一角色。淇武蘭對外有河川連接至海岸，對內可構成平原村落的來往網絡[25]，又是漢人移入蘭陽平原路線的前哨地點（蘭陽平原北側）。我想這種地理上的優勢就是後來淇武蘭村得以發展的一大關鍵，而這也是為何在洪水氾濫之後，晚期的人群還願意冒著危險再回到淇武蘭的原因吧！

註：本文修改自〈宜蘭縣淇武蘭遺址的下文化層研究〉（陳有貝 2016a）。距今約 2,000～1,000 年前是史前臺灣從新石器時代邁入鐵器時代的關鍵時期，近年來各地也陸續出土了不少新資料。以蘭陽平原而言，這個時段的遺址相對發現頗少，因而有意見認為是當時平原上的人煙稀少之故，過去或也有「消失的鎖鏈」之說。不過向來實無客觀證據可將上述視為科學上的看法，至多僅是增加其神秘感而已。淇武蘭的下文化層就是一個說明，當初亦是在無意中於地層更深處才發現這個埋藏，而且從內容來看，這個村落的人群也不可能是孤立存在，所以未來必定還會有更多的發現才是！

---

[25] 由今日地形環境觀之，得子口溪的河道至淇武蘭以後始變得寬廣，故本地很可能是過去較大船隻航行的端點。換言之，海外貿易以水路深入至淇武蘭後，才改由陸路連結其他村落。

第七章
淇武蘭遺址的上文化層──
噶瑪蘭早期飲食

一、前言與說明

　　淇武蘭遺址的發掘資料是出自地層中最真實且原始的堆積，存留有完整的脈絡資訊，而蘭陽平原大致從 17 世紀以來即有文字的記錄，因此若能結合考古與歷史文獻[26]，則在研究上將更具有可信度。基於這個認識，本章將舉淇武蘭上文化層所出土的考古資料（以第一次發掘出土資料為主），配合文獻相關記錄，復原與探討當時噶瑪蘭人的飲食生活。

　　飲食行為乃是族群文化中相當具有代表性的一環，不同族群間的飲食習俗常有不同表現。考古學對於古代飲食的研究常見從相關的飲食器具、動植物生態遺留著手，或是進行如脂肪酸、矽酸體等科學性的實驗分析。本章僅就前兩項提出資料加以論述，期待未來尚能見有自然科學相關領域的研究成果。

二、淇武蘭遺址出土的飲食相關器物

　　根據發掘報告，淇武蘭遺址上文化層所出土的人為考古遺物可分為陶器、硬陶、瓷器、火爐、磚瓦、木器、石器、金屬器、骨角器、

---

[26] 如《噶瑪蘭廳志》成書於 19 世紀中，是記錄蘭陽平原歷史時期的重要文獻。

貝器、菸斗、紡輪、錢幣、裝飾品與其他等類別。其中，和飲食行為相關者多見於陶器、硬陶、瓷器與木器等類。

在研究方向上，因為陶器與木器類別多屬本地製造，所以適合用來作為推測當地傳統飲食行為的資料根據。相對而言，硬陶與瓷器非屬當地自製的器物，所以在分析上較適宜用來推測飲食行為的變遷。以下，先從當地的陶器與木器等類說明與飲食相關的行為。

（一）陶器

淇武蘭遺址在第一次搶救發掘中共出土陶片 57 萬餘件，依這些陶片的性質可分成 8 個類別，但上文化層卻僅出土其中的一類，且數量高達 55 萬件。換句話說，上文化層的陶器絕大多數都是同質性相當高的自製品，極少才為來自他地的產品。又這些自製陶器的器形幾乎皆以罐形器為主，其次才有少數的「甑」器，除此以外的器形已極少。

1. 陶罐

陶罐的數量極多，所有形態表現皆十分一致，短頸，鼓腹，圓底，器身薄，無把，無（圈）足是共同特徵。而且器表皆拍印上各種幾何紋飾。整器高度集中於 11～14 cm 之間，器腹徑集中於 13～17 cm 之間，腹厚集中在 1.5～3 mm，整體器形可謂不大且器身單薄。

一般而言，史前陶容器的功能主要在於烹煮、儲存與搬運等三項。觀察淇武蘭的陶罐，在腹底處多帶有煙炱，故這些陶罐在烹煮上的功能應無疑問。但淇武蘭陶罐的厚度極薄，在使用上當然極易破碎，且陶質容器內的液體容易滲漏，故作為儲存或搬運液體之容器用具顯然並不適合。

民族誌記錄中如伊能嘉矩（1897）在 19 世紀末曾眼見這種陶罐的使用。其他文獻如《噶瑪蘭廳志》提到：「炊以三塊石為灶，螺

蛤殼為碗，竹筒為汲桶，用土燒鍋，名曰木扣」（圖 7-1）。所謂的用土燒鍋之木扣應該就是遺址中大量出土的陶罐。而爐火以三塊石頭圍起做灶，也作為置放陶罐的支撐。

如上述大量自製的陶罐便是當時生活上最主要的煮食用具。而無論各種食材的烹煮可能也都是使用此類同型陶罐，這應是淇武蘭當地飲食烹煮方式的一大特色。

圖 7-1　三石做灶

2. 陶甑與陶箅

甑指蒸器，功能為蒸食，用法是將水加熱，利用熱氣蒸熟食物的烹調器具。箅則是置放於裝水的容器之上，上方再盛放食物，用以隔水並蒸熟食物的帶孔盤狀物。這兩種器物在淇武蘭遺址皆有出土，但數量不多。

淇武蘭的甑是以兩件大小相同的罐重疊而成，上方的罐之底部帶孔，觀察這些孔的痕跡可以知道有些甑是先做好罐後，再拿現成的罐加工製成甑。有些則是在燒陶當時便加以穿孔，預期做成甑使用。

文獻如《番俗六考》曾提及北路諸羅番一（西拉雅族群），云「亦用木扣，陶土為之，圓底縮口，微有唇起以承甑。」而對蘭陽平原有直接說明者，則是伊能嘉矩（1897）的民族誌調查記錄，其言當地口傳：飯不是用「煮」，而是用「蒸」的，在使用這種容器時，會先在上方容器內放入藤或竹的編物，沾水後，再放上米或粟類的食物，以蒸熟食用。由此可知，所謂的蒸器除了形制上被稱為

甑的器物外，一般的罐形器也可在上方放置藤竹類的箅，以做蒸煮。如此一來，便可以解釋米粟類的蒸食原為生活中重要的主食行為，但為何甑與箅的出土量卻稀少的原因。筆者甚至認為，「罐」或許才是日常生活中最主要的蒸煮容器，不僅可用來煮沸湯水與肉菜類等食物，而且也用來蒸熟飯、粟等主食。至於甑或陶箅是否有另外的特定用途，反而是另一個值得再探討的問題。

3. 陶缽

這是一種沒有明顯頸折的較淺容器，可用來承載固體或液體食物，但器身底部一般不平整，直接置放時並不穩固。淇武蘭上文化層只出土 4 件，並不是淇武蘭人的主要生活用具。

4. 陶杯

無明顯頸折，器身較深、較小之盛裝液體的容器，上文化層只出土 5 件，亦非淇武蘭人的主要生活用具。然而飲用液體如水或酒類乃屬生活中之必要，故推測實際應有相當數量之「杯」。顯然，另有其他材質以製成這類器物，如木、竹等。

5. 陶瓶

具有明顯較細長頸部之盛裝液體的容器，僅於上文化層出土 1 件（口部殘件），亦非淇武蘭人的主要生活用具。另可注意遺址中出土一批外來的青花瓷瓶（玉壺春），但多為墓葬中的陪葬品，故「瓶」對淇武蘭人的意義可能不在於日常生活之用。

6. 陶碗（參見圖 11-11）

《噶瑪蘭廳志》有云：「或木瓢或椰碗汲飲，至醉則起而歌舞」，此處所說的碗當指盛裝液體之容器，多半為植物之木質材料所製，非下文所言之漢人食用的碗。

本段所指器物乃類似今日所認知的碗，完整者僅上文化層出土

1件，尖唇、斜腹，帶圈足底。很特別的是從外形觀之，本件器物幾乎可確定是模仿自外來的青花瓷碗，但器身表面又飾有當地典型的幾何形紋飾（參見圖 11-11），換言之，從功能的觀點（外形）是外來的影響；從風格（紋飾）的觀點仍是本地的傳統。文獻的記錄和此現象也相當契合，如《噶瑪蘭志略》載：「熟番火食，亦釀酒，以手搏飯；近亦知用碗箸」（柯培元 1957），可見早期的飲食行為中並無用以取食的碗，到了後來才有使用碗筷。這件陶碗便是後來飲食行為改變的最好證物。

相對於當時的原住民，碗筷的使用幾乎等同於漢人的代表特徵，故從此件「仿製碗」的現象還可延伸認識：上述出土量極少的缽、杯、瓶等器皆不無可能是受到外來影響才出現，而非屬當地原有飲食行為之用具。

（二）木器（參見圖 1-17）

淇武蘭遺址上文化層出土的各種木質標本共有數千件，屬於器物類別者可區分為 18 類，共 283 件，而其中和飲食行為相關者，則有碗、盤、蓋、匙、杵與臼等類別。

1. 木碗

木碗共有 5 件，3 件為椰殼所製，2 件為其他木質材料。就 1 件較完整的木碗而言，器身帶有淺圈足，口徑約有 17 cm，略大於今日所認知之手持就食使用的碗。另 1 件無圈足，無法穩定置立，僅能手持，口徑約 12.7 cm，大小較適於以手持就食，但是這件碗曾破為 2 件，經修補孔連接再使用，所以碗底是有「破洞」，已經無法盛裝液體。

《噶瑪蘭廳志》云：「或木瓢或椰碗汲飲」，大致同於發掘出土所見，但這種碗不同於漢人所認知的碗，在功能上毋寧較接近於

「水匙或杯」的概念。

2. 木盤

　　遺址出土的木盤共有 8 件，外形皆近於長方形或橢圓形，器底平，可以穩定置立。大小不一，小者長 24 cm，大者長達 59.5 cm。這些木盤或可用來裝盛食物，惟文獻中並無相關記載。單就外形而言，可推測是一種功能較廣泛的食物裝盛用具。

3. 木蓋

　　遺址出土的木製蓋子共有 15 件，主要多呈圓形，較大者的圓徑達 34 cm，部分器面上有切刮痕，推測除作為蓋之外，也作為砧板之用，功能上都是和食物處理有關的用具。關於這些木蓋的對應容器，因為淇武蘭自製之陶容器的罐口口徑多在 10～13cm 之間，而木盤的形狀亦非圓形，所以這些木蓋並不是自製陶罐的制式蓋子。下文所述另有木臼，臼口大小與木蓋較為相近，據若干資料顯示，亦有木臼帶有蓋。另外在外來硬陶中，也常見有蓋，大小亦與木蓋相近。木蓋是否乃仿製自外來品，或應用於外來硬陶容器，此問題仍有待研究。

4. 木匙

　　遺址出土木匙共有 15 件，有匙面呈淺凹狀者，器形較大，不似今日漢人喝湯時用以直接就口的小型湯匙，較可能是使用於較大容器中用以處理攪拌與舀撈等功能。另有匙面扁平者，類似於今日的飯匙，然文獻中對於此類並無相關記載。

5. 杵與臼

　　遺址出土的杵與臼各 2 件，此類器物常見於農業社會，用於食物的處理加工，使用杵的一個主要目的是用來搗打穀類作物，使外殼剝離，以便使用內部的穀物，例如稻米或小米等。除此之外，有

時也被用來將食物搗打成黏稠狀物，如用為麻糬、糕餅等的舂搗器具。《噶瑪蘭廳志》：「番無碾米之具，以大木為臼，直木為杵，帶穗舂令脫粟，計足供一日之食。男女同作，率以為常」；《重修福建臺灣府志》：「米無隔宿，臨炊時合番婦三、五各執木杵以手舂之」（劉良璧 1740）。以上是說明當時人群每當於使用穀類作物前，先以杵臼將穀物脫殼，才再加以炊食。杵臼的出現反映著當地社會對穀類作物的處理與食用方式。

（三）其他

本遺址出土的貝殼遺留頗多，但貝器卻相對極少。在各種貝殼中也可見如夜光螺等大型貝類，《噶瑪蘭廳志》云「螺蛤殼為碗，竹筒為汲桶」；《臺海使槎錄》亦提到：蛤仔難等族「厝內所用，木扣螺碗之類」。民族誌學者如伊能嘉矩亦記載凱達格蘭族曾以此裝牛奶或酒等液體。另外，臺大人類學系也收藏有伊能嘉矩採自噶瑪蘭的夜光螺製容器標本。雖然在考古發掘中沒有類似的發現，但看來多數文獻都表示部分貝殼器身容量較大者，可以被當成盛裝液體的容器使用。

三、淇武蘭遺址出土的飲食相關生態遺留

本遺址所出土的生態遺留可分為貝類、獸骨與植物種子等三個大類，每大類之中皆有部分可能屬於當時之食物。以下試說明。

（一）貝類（圖 7-2）

本遺址出土的貝類數量相當多，據發掘報告指出，種類方面共有 12 目 35 科 109 種，絕大多數為可食用貝類，尤以文蛤類中的簾蛤科最多，約占總出土數的三分之一。若單以上文化層出土量而言，

圖 7-2　遺址出土食用後的貝殼

最常見者為韓國文蛤、網目海蜷和長牡蠣,即這些應是當時最常被食用的貝類。其次為網蜷、藤壺、海膽、黑鐘螺、大蜆、臍孔黑鐘螺和斗笠螺等類。不少貝類伴隨著陶片、稻穀、植物纖維、草木灰,甚至有削痕的獸骨一起出土於灰坑中,但貝類本身卻少見燒灼痕跡。整體看來,貝類的種類多、數量大,而且以海貝居多。此外,若干貝類的體型較目前大,若干甚至已不見於今日當地的河海水域環境。綜合上述資訊,可瞭解如下:

1. 海貝為當時重要的食物資源,且當時的海貝種類可能較今日更為豐富。
2. 噶瑪蘭人常專程至海邊潮間帶一帶採集食用貝類,若干也前往較深的海域(可採集如夜光螺等)。
3. 所採集之貝類以食用為主。

　　同樣位於臺灣東北角的龍門舊社遺址,過去亦在考古發掘中發現有數量頗多的貝類。據研究,主要皆為生長於潮間帶之可食用海貝,顯見貝類資源在臺灣東北區域族群間的重要性(胡雅琦 2007)。

第七章　淇武蘭遺址的上文化層——噶瑪蘭早期飲食　139

《噶瑪蘭廳志》曾提及該地物產有牡蠣、蚌、蛤與螺等各種貝類。貝類除可食用其肉外，殼可燒成灰，該地漢人以此夾雜混合於建材中蓋屋，原住民或以之塗抹於檳榔上食用，但考古上尚未能證明這些用法在出現淇武蘭。

（二）獸骨（圖 7-3）

本遺址出土的獸骨數量亦多，除出土於一般文化層，亦常見於灰坑與墓葬中。目前僅能辨識其中的部分種類，包括鹿、羌、豬、牛、狗、鳥和魚等，其中尤以鹿、豬及禽類最多。獸骨上常見各種人為的切割、刮削或火燒等痕跡，多數應是為了取食而造成。

文獻對於噶瑪蘭族群所食用的各種動物多有記載。如一般所知，臺灣早年山林多鹿，鹿的肉、皮與骨角皆為原住民生活的重要物資。如《噶瑪蘭廳志》云：「諸番惟以射鹿、鏢魚為生，名曰出草，至今尚沿其俗。……得鹿則刺喉吮其血，或擒兔生啖之，醃其臟腹令生蛆，名曰肉筍，以為美饌」。利用生蛆調理食物或於近代漢人角

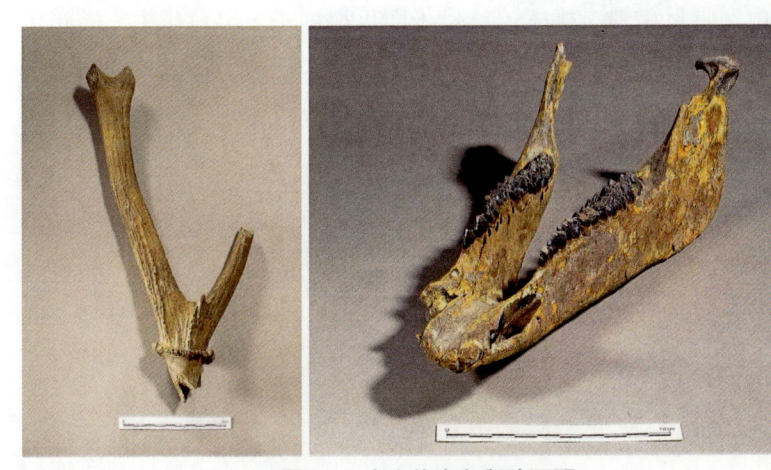

圖 7-3　出土的鹿角與豬下顎

度較難認同，但此習俗常見於臺灣原住民，甚至是世界其他少數民族。鹿肉也是重要的生活經濟物資，故以曬乾方式保存，並以此和漢人進行交易。

牛肉可能亦有食之，文獻云：「生番切鮮鹿肉，下鹽壓石，晒乾成塊，出以易物。然多雜以牛脯猴肉，須細辨其紋」。說明食用牛肉習慣之存在，然其價值可能不及鹿肉。

山豬亦屬臺灣常見，原住民至今仍獵食山豬，淇武蘭人極可能有同樣行為。另據報告，目前尚未確認是否存在人工豢養的家豬。

所食用魚的種類亦待研究。遺址幾乎未出土網墜或魚鉤，卻有為數不少的鐵製鏢，故捕魚方法應以鏢魚為主。然而關於漁網，《噶瑪蘭廳志》一方面云：「織麻為網，屈竹為弓，以獵以漁」，另方面又有「漁獵無網羅，止用鏢」的記載，若對照於考古發現，顯然後者所言較趨近實際。

（三）種子（圖 7-4）

本遺址出土的植物種子約有 1 萬 2 千餘件，至少包含 19 科 33 類。上文化層常見稻穀、桃子、林投子與瓜科種子，另有花生、破布子和番石榴等。以下分述之：

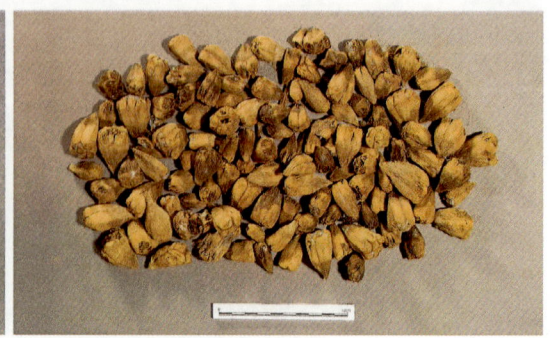

圖 7-4　出土的桃種子與林投子

1. 稻穀

上文化層出土 1,930 件，常大量集中出土於灰坑，或略呈腐爛狀態，未火燒碳化。從外形，仍有各種形態，非似今日單一品種之所見。淇武蘭的稻米來源不明，但據文獻記載，當時已有漢人引入稻田耕種。

臺灣史前遺址曾出土不少稻米遺存，有看法指出至少在近 5,000 年前已開始將野生稻馴化。不過，由於臺灣位居海島，隨時有來自各方向的區域文化傳播，使得這個過程益形複雜。

2. 桃

上文化層出土 108 件桃核遺存，有些甚至還帶有果肉。很特別的是，在 20 個墓葬中共出土 33 件，可說是最常見於墓葬的植物種子。《噶瑪蘭廳志》中引用郁永河在《裨海紀遊》中的看法，認為「桃李味澀，不足珍」，但這或許僅是漢人的觀點，從數量與墓葬中的出土現象，噶瑪蘭人顯然珍愛桃子。

3. 林投

林投果內所含為林投子，上文化層共出土 273 件林投子。出土的林投果常見呈剖半狀態，推測淇武蘭人當時可能對此食用。《噶瑪蘭廳志》有云「實似鳳梨，不堪食」，此記錄可能只是表現漢人對食用林投果的觀點，從多量出土於文化層與墓葬的現象看來，顯然當時食用該物的行為也不少見。

4. 瓜科

瓜類在文獻亦多有記錄，其一如「冬瓜：形如枕，蘭地四時皆有」。但整體觀察各種相關描述，內容多屬漢人角度觀點，無直接與噶瑪蘭有關者。淇武蘭的發掘出土了不少瓜類，多數辨認不易，僅部分可以確認，如瓢瓜、苦瓜、大黃瓜、冬瓜和西瓜等。目前只

能證明至少已有上述瓜類,並粗略推想淇武蘭人的田園耕作狀況。

5. 花生、破布子、番石榴

遺址出土的其他可食植物尚有花生、破布子與番石榴等。文獻中對這些可食植物亦有描述,然內容多出自對臺灣整體之籠統風俗記事,或彼此抄襲而來。

四、討論

(一)考古資料與文獻的對應——噶瑪蘭的飲食概述

本節試將上述淇武蘭遺址的出土考古資料,配合相關文獻記錄,針對噶瑪蘭的飲食生活做一綜合性說明。

《噶瑪蘭廳志》中對所謂番俗之飲食有一段專門記載,以下先節錄部分以作參考:

> 蘭初開時,諸番耕種田園,不知蓋藏。人各一田,僅資口食。刈穫連穗懸之室中,旋舂旋煮,仍以鏢魚打鹿為生。……樹藝稻穀約供一歲口食並釀用而已,故家無贏餘而地多荒穢。收成後,於屋旁別築室,圍以竹籧,覆以茅苫,連穗倒而懸之令易乾,名之曰禾間。其粟名倭,粒大而性黏,略似糯米。蒸熟攤冷,以手掬而食之。每秋成,會同社之人,賽戲飲酒,名曰做年,或曰做田。其酒用糯米,每口各抓一把,用津液嚼碎入甕,俟隔夜發氣成酒,然後沃以清水,群坐地上,或木瓢或椰碗汲飲,食物餕敗生蟲,欣然食之。酒以味酸者為醇。蘭各社番,向將海潮湧上沙灘之白沫,掃貯布袋中,復用海水泡濾,淘淨沙土,然後入鍋煎熬成鹽,其色甚白,其味甚淡。食物中著鹽過

多，味亦苦澀。……每在海坪鏢魚……。（陳淑均 1963：226-227）

結合考古與文獻，試再補充與修正如下：

淇武蘭已有農業種植，遺址中曾出土木鏟與其他如鐵鎌等農具，皆為農業耕作行為之證明。從一般農具仍然不多的現象看來，農田規模恐怕較小。再從稻米穀粒仍呈多樣性推測，人工栽培化的程度不高，收穫亦有限，或難有較多的餘糧可以積存，故打獵、捕魚甚至其他獲取經濟資源的活動仍然相當重要。穀類作物收穫後，倒掛在家屋旁邊的小屋，使之風乾。欲食用時，取適當所需分量，先以木杵與木臼搗打穀粒，令外殼與內粒分離。一般食用米的粒較大，較黏，略似漢人的糯米。將米或小米用陶甑蒸熟食用，方法是在容器上方內放入沾水的藤編或竹編，再放上食物炊蒸。另外如肉類或菜類則用陶罐煮食。米亦可製酒，先在口裡嚼碎後，放入陶罐內利用口水使其發酵成酒，再加以清水而飲。鹽是食物重要的調味品，製法是取回海水後，放在陶罐內熬煮取鹽。

除了稻米與小米外，常用的植物性食物包括桃、林投果、瓠瓜、苦瓜、大黃瓜、冬瓜與西瓜等瓜果，或花生、破布子及番石榴等，這些食物部分來自栽種，部分來自野外的採集，口味或和漢人所食者不同。

動物性的食物中，來自陸上者主要有鹿、羌、豬及鳥禽類等，這些動物多是透過山林中的狩獵活動而來，部分如雞、鴨等禽類或可能有豢養。肉類多以醃製或曬乾方式加工，部分如鹿肉更是具有與漢人交換的經濟價值。河川與海洋中的魚類多以鐵製鏢槍鏢射的方式取得，原本可能不使用魚網或魚釣。海域中的貝類如文蛤、海蜷與牡蠣等也是重要的食物來源，取得方式多半是於淺海潮間帶撿採，經火煮食用，有時應也會前往較深的海域採集。

在食具方面，傳統主要是煮食用的罐與炊蒸用的甑，這些容器不但易碎，且容量不大，惟自製的數量頗多。裝盛用的食具則多為木製，有碗、盤，或攪拌用的匙等，不用筷箸，直接以手抓食。至於湯、水或酒等液體，則以木質、椰殼或貝製的碗狀容器盛裝飲用。

（二）飲食文化的變遷

臺灣原住民於近代受到漢人物質與行為的影響很大，從考古遺址中亦可看到這個過程。以下試舉淇武蘭遺址中的幾類器物資料為例，說明噶瑪蘭的飲食文化的變遷。

淇武蘭遺址所出土的外來陶瓷數量龐大，且又以上文化層的上緣居多，這代表隨著時代愈晚，所受外來的影響愈大。這些外來品的形態不一，功能多樣，不少與飲食相關。

1. 遺址出土火爐殘片共有 146 件，過去「炊以三塊石為灶」的行為恐怕逐漸被火爐所取代。另外有 27 件鐵鍋殘片（圖 7-5），1 件可測得口徑約 74 cm，器形頗大。清代臺灣，鐵鍋價貴，亦屢被清政府禁止私販。然據 17 世紀中期的文獻資料顯示，金包里和三貂社的人曾用與中國人交易來的鐵鍋，和噶瑪蘭村社交易稻米。由此不難想見鐵鍋之需要性。

圖 7-5　鐵鍋殘件

2. 在各種出土瓷器中，以碗、盤最常見，杯、碟、匙次之（圖 7-6）。碗的數量最多，大小形式多樣，且此類碗皆具有足底（短圈足），和原來淇武蘭固有的「碗」之功能與意義

第七章　淇武蘭遺址的上文化層——噶瑪蘭早期飲食　145

圖 7-6　漢文化的食具組

皆不同。到了後期,漢人的碗可能已成為飲食中相當主要的器物,這是當地飲食方式受到漢人影響變化的結果。又如前所述,1 件帶有幾何印紋的仿製碗更是說明了淇武蘭晚期飲食文化的改變。

3. 「匙」的出現更具有代表性,固有傳統中雖有「木匙」存在,但並非用以就口飲用,而是直接以容器就口,並無湯匙之使用。然漢人的「瓷匙」乃屬就口飲用之具,所以此時可能也有改採以匙飲用液體的行為。在東亞邊緣的島嶼中,如古代日本亦無湯匙之使用,直至近代受到東亞大陸影響才漸有使用,湯匙在此被視為不同飲食文化之指標。淇武蘭遺址中湯匙的出現亦具有同等之意義。

4. 淇武蘭遺址出土不少外來的帶釉硬陶(圖 7-7)如甕、罐、缸、缽,壺與盆等,部分的器形頗大,很多高在數十公分以上,相較於淇武蘭傳統自製品中,並無與之相類似的器物。這些帶釉硬陶的數量相當多,背後意義可能是暗示某種飲食調理行為的發生及

圖 7-7　大型硬陶器

普遍化。相關文獻中有多處提及「醃製」行為，一般亦認為不少大型帶釉硬陶的口徑小，較適用於食物之儲存或醃製，而且遺址也見若干適合帶釉硬陶的蓋，再加上噶瑪蘭人亦有海鹽使用之習慣，綜合這些資訊看來，當時已有較普遍與多樣的食物醃製行為。這不僅只是一種食物的調理方式，而且也是剩餘食物的保存方法，對於生活整體具有一定的影響。

5. 淇武蘭遺址出土的菸斗共 300 餘件，材質包括有陶、石、青銅、木、骨及瑪瑙等。這些菸斗絕大多數出自上文化層，只有 2 件出自下文化層，從比例看來，或許這 2 件的出土資料有再確認、修正的必要。整體而言，使用菸斗之習慣乃是到了晚期才突然出現的風尚行為。另從器物屬性看來，僅有少數如青銅、瑪瑙製品屬外來品，絕大多數的菸斗為自製，且不少刻有噶瑪蘭傳統圖樣，表示當時使用菸斗的風氣很盛，而且純然已成為聚落自身文化（圖 7-8）。不過有趣的是，菸斗極

圖 7-8　精緻的雕飾浮顯社會的吸菸盛況

少作為陪葬之用，似乎又隱含這是一個外來風俗，本土對外來文化的矛盾性在此亦可略見一、二。

一般認為菸草大舉輸入東亞若干地區的時間可能在西班牙占領菲律賓之後，即約於 16～17 世紀之間，此點和本遺址上文化層所出土之現象吻合。所以，近代噶瑪蘭之飲食文化不僅受到漢人影響，來自西方之影響亦不容忽略。

五、結論

淇武蘭是 17 世紀蘭陽平原上最大的聚落，本文以其考古資料配合噶瑪蘭歷史、族群的文獻記錄，探討噶瑪蘭人的早期飲食相關行為。

例如在遺址所出土的各種器物中，和飲食文化具有直接關係者至少有飲食用具（如碗、盤）、調理用具（如杵臼、煮罐、蒸甑）或儲存用具（如醃製用罐）等。至於飲食之對象，則可根據與食物相關的動、植物遺留而推知。結合這些訊息，對噶瑪蘭傳統飲食行為可有更準確的認識。

近代以來的噶瑪蘭為蘭陽平原上的主要族群，具有自我的歷史背景及獨自的文化形式，但又因受到不少漢人文化的影響，在生活各層面產生不同的變化。如從淇武蘭遺址所出土的資料可區分出自製品與外來品等兩類，前者以陶器、木器、骨器、貝器等為主；後者以陶瓷、金屬、玻璃具代表性，這兩類品項間的消長代表著傳統文化受外來影響的程度。

從本文分析看來，噶瑪蘭的飲食文化至少在 17 世紀以後曾歷經一次重大的轉變，這種現象的表面層次是出現新的飲食用具，較深的層次則是飲食行為的改變。由於飲食和生活息息相關，故亦可想見當時噶瑪蘭傳統生活所經歷的劇烈激盪。

註：本文修改自〈從淇武蘭遺址出土資料探討噶瑪蘭早期飲食〉（陳有貝 2012b），內容是藉由遺址出土的容器種類及動植物等生態遺留，配合文獻資料探討淇武蘭的飲食行為。現代實驗考古之科學技術日新月異，例如以陶容器上殘留的澱粉粒、脂肪酸或矽酸體的分析，都能得到進一步的飲食資料。此外，對於動、植物遺留也可透過專門者進行種類鑑定，辨別為野生或人工栽培、飼養等。飲食行為是一個族群文化的特色所在，也是考古研究深具潛力的一個領域。

第八章
淇武蘭遺址的上文化層——
傳統陶罐的功能與意義

一、前言與說明

　　陶容器是考古學者研究古代社會的常見資料，主要原因之一是陶器一旦燒製成形後，便很難再分解成本來的黏土狀態，長久埋在地底下亦不易腐爛，資料本身較可完整存在。另一個重要的理由是陶器的製造過程較少受客觀條件的影響，可以直接反映製作者的意圖。舉例而言，石器雖然堅固耐用，但是常因材質堅硬或有一定的質地解理，故反而不易隨著製作者的意圖達到所要的器形；木器雖然容易成形，卻不能當作容器燒煮食物。相對地，陶器既可以反映製作者意圖，又是飲食生活中重要的器物材料，直接關係著人類行為中非常關鍵的飲食文化，因此陶容器便成為考古研究中最被看重的資料之一。

　　本章選擇以淇武蘭晚期的陶罐為研究對象，探討陶罐於當時社會中的功能與意義，並試圖解釋形成該種陶罐現象背後的社會因素。結論大致認為：淇武蘭晚期的陶罐乃是來自當地居民有意圖性地延續製造，具有維持傳統飲食行為，保持傳統工藝技術，以及延續原有價值觀之功能與意義。這是一個受到外界強勢文化威脅時，社會人群為了維繫逐日沒落的傳統文化所生成的產物。

　　臺灣自鐵器時代以來，若干區域的陶容器也展現出獨有的特殊

現象，似乎已和新石器時代陶容器的功能在本質上有所不同，內容意義頗值得探討。

二、臺灣史前的陶容器

　　陶器是新石器時代的標誌之一，陶容器的發明和使用也常和當時的農業狀態息息相關。臺灣的新石器時代亦是如此，從最早的大坌坑文化、紅色細繩紋陶文化，到中晚期之後各區域文化中都可見到數量眾多、形式多樣的史前陶容器。這些陶容器有些被作為生活中的實用器物，使用於煮食、儲存、裝運等。有些則可能是具有精神或象徵上的意涵，例如作為墓葬中的陪葬品或祭祀用品等。當然也有些兼具兩種功能，平常是生活用品，但必要的時候則被放入墓葬當成陪葬品。總之，陶容器和當時的生活可說是密不可分。

　　到了鐵器時代，因為鐵質器物的有利效能，使得陶器在人類生活中的地位有些改變。在臺灣某些區域，陶容器的變化似乎又更為劇烈，例如西南部的蔦松文化的陶容器出現模組化的現象，容器的本體多為罐和缽，器身上或附著著造型相同的帶穿鈕，或是器底附著的帶穿圈足，即藉由各種相同組件的不同組合，產生不同的陶容器外形。又如東部的阿美文化（靜浦文化）的陶器則有一致化的傾向。以晚期的水璉遺址為例，多數的陶容器種類都是罐（劉益昌、鍾國風 2009）。東北部的淇武蘭遺址晚期的陶罐變得更單一化，即使是作為不同功能使用的甑，亦是使用兩個同型的罐所組合而成（陳有貝 2005d：40）。

　　以上諸現象的背後必定有著文化脈絡原因，很可能和臺灣鐵器時代的社會狀態有關。本文將舉淇武蘭晚期的陶容器為例說明，對本類現象提出解釋。

三、淇武蘭遺址的陶容器

（一）概述

淇武蘭遺址出土的陶容器破片的數量龐大，其中被修復成較完整的陶罐超過一千餘件（圖 8-1），相關資料可參考已出版的考古發掘報告及圖錄。

此時陶容器的主要特色是：形制都相當一致，呈現短頸、鼓腹、圓底、器壁薄、器身布滿各種幾何紋飾、無蓋、無把、無足或圈足，幾乎不見其他器形，即使是不同器種與功能的甑，也是由兩個大小、外形相似的罐所重疊組合而成。在近代的蘭陽平原民族誌資料中，曾有此類陶容器的圖、文記載，對其大略用途也有若干說明（參見圖 3-4）（伊能嘉矩 1897）。

圖 8-1　陶罐的復原工作

（二）相關資料

關於淇武蘭遺址晚期的陶罐，在客觀屬性上皆有著不少共同的特性，過去以來已有一些研究，以下將之列舉陳述，以利後文的解釋與說明：

1. 陶罐種類的單一性：極高比例的陶容器種類皆為罐，極少為甑，幾乎不見其他器種。
2. 陶罐外形的一致性：除了型制上呈現罐形器種的特徵外，絕大多數陶容器的外形特徵也相當類似，無論在大小或紋飾風格上，都意圖性的做一致性的表現。
3. 陶罐的實用性：多數陶罐的底部或週邊帶有煙炱痕跡，故是為生活中的實用器物。
4. 陶罐的象徵性：部分陶罐出土於墓葬，屬陪葬品，故亦帶有象徵性的意義。
5. 陶器的自製性：陶罐的數量龐大，非屬輪製拉坯，沒有釉藥，燒陶溫度低，器表皆布滿幾何印紋，是當地製作，而且多屬村民個人自製。

四、分析與研究

對於淇武蘭遺址晚期的陶器現象，過去以來筆者皆主張它與當時族群意識的產生、集結或形成有關（陳有貝 2005d，2012a）。這個看法的主要論述如下。

當一個社會遭受外來的強勢壓力，內部可能會因族群的危機意識而產生某些反應機制，藉以團結自我，延續傳統文化價值，以抵擋外在衝擊。試看淇武蘭晚期時代的社會局勢，從遺址所出土的種種大量外來物品，不難理解當時與外界貿易、交換物資的頻繁盛況。

再就一般文獻所瞭解，數百年以來，除了有西方社會的探險者、傳教士與官員、商人等的出現外，漢人族群更是源源不絕地進入蘭陽平原，從間接到直接帶進了各種不同的文化。

　　淇武蘭是當時北臺灣最大的聚落，遺址實際出土的大量遺物、灰坑、墓葬、房屋遺構等考古遺留都呼應了這個狀況。文獻上雖是缺乏更詳細的記錄，然據理推判，本村落對於當時蘭陽平原噶瑪蘭人而言，極可能扮演著某些重要的中心角色，或許是政治的，或是生業的、經濟的，或技術、文化傳統、精神信仰等。無論如何，它的地位在噶瑪蘭族群中是具有代表性的。當外來文化不斷衝擊原噶瑪蘭文化之同時，本村落的反應將是最為強烈，且勢必也反映在行為產物上，各種陶器現象即屬此種情境下的產物。所以，陶器不但是淇武蘭人的固有文化要素，也是維繫傳統文化的手段，藉由傳統陶器的表現，試圖在外來文化的壟罩陰影下，尋求自我族群的存在感。

　　以下基本仍承續過去看法，並進一步從飲食、工藝與信仰象徵性等三方面分析與驗證上述所言的意義：

（一）飲食

　　如前所述，飲食行為是族群文化中具特色的一環，它同時涉及族群所存在的環境與自身的傳統習俗，可謂是噶瑪蘭族群生息於蘭陽平原的反映。關於噶瑪蘭人的飲食文化可據文獻記錄及遺址的發掘資料得知一、二（參見第七章；陳有貝 2012b）。就重點而言，當時以農業栽培的稻米為主食，兼之有各種動物畜養、植物種植、動物狩獵、野外植物採集等，以及河海中魚蝦、貝類及鹽等資源的利用。具體的飲食行為亦可參考如文獻所說：

刈穫連穗懸之室中，旋舂旋煮，仍以鏢魚打鹿為生。……其粟名倭，粒大而性黏，略似糯米。蒸熟攤冷，以手掬而食之。……其酒用糯米，每口各抓一把，用津液嚼碎入甕，俟隔夜發氣成酒。……向將海潮湧上沙灘之白沫，掃貯布袋中，復用海水泡濾，淘淨沙土，然後入鍋煎熬成鹽。（陳淑均 1963：226-227）

　　隨著時代趨於晚近，社會環境突然急遽轉變，一波波湧入的漢人帶來具優勢條件的產物必定衝擊著傳統的飲食行為，從遺址出土的外來陶瓷可以清楚看到這個過程，例如碗、盤、杯、碟、匙等都是屬漢人飲食的基本器具。這類外來的器物大量出現在遺址晚期地層中，數量上與傳統陶罐的相對比例呈現明顯增加趨勢（謝艾倫 2009：64），說明必有不少已是基於實用上的需求。也就是仿效漢人的飲食行為可能在後來的淇武蘭聚落中變為普遍，傳統的飲食行為則因外來文化的入侵而受到衝擊，甚至造成根本上的改變[27]。

　　隨著傳統逐日消逝，伴隨的相關器物本應同步減少、消失，然淇武蘭遺址晚期卻反而出現大量外形一致的罐形陶容器。設想原因，若非這些容器的外形特殊，客觀上沒有其他陶瓷可以取代它的功能，便是主觀上淇武蘭人不願放棄，堅持製造，保有此類容器。對於前者假設，試以檢視這類陶罐之外形，實難發現有特殊之處，反而還有底部不易穩當置放，質地上容易破裂等缺點。而外來陶容器的種類相對是如此多樣，質地亦堅硬，沒有道理無法取代這些傳統陶罐之功能，即客觀上的原因較難成立。另一個可能原因便是這些陶罐是在當地村民的主觀意識下刻意被延續維持，兼具了日常生活（因外表、底部多有呈黑色的煙炱）之功能，及傳統文化之意義。

---

[27] 這還包括進口的飲酒及菸草吸食。

本來這就是一個外來文化強勢,本土低落的時代,反映於器物上的表現亦是各種外來品的種類與數量增加,傳統用品相對減少。只是很獨特地,代表傳統的陶罐卻被刻意地保留下來,外形更被大量模式化地製造。陶罐的存在並不是功能上無法被取代,而是來自淇武蘭人的主觀企圖,在這裡它擔負有保存本族傳統飲食行為之用意。

(二) 工藝

陶容器製作是古代的重要工藝技術,史前臺灣雖然無輪製、釉藥或窯燒之發明,但從一般遺址中的陶器出土現象可知製陶技術乃普遍存在,且多無中斷、消失之現象,不同考古文化之間甚至可能有傳承或彼此影響。

在鐵器時期,若干區域的陶器進而產生一致化或模組化的現象。在淇武蘭的早期階段中這種現象並不顯著,直到晚期階段才具體發生。而且在技術上亦有若干產生特化現象,如容器器壁的厚度變為極薄。根據遺址發掘報告,淇武蘭晚期陶罐的器壁厚度多在 1.5～3 mm,事實上不少更只有 1 mm(圖 8-2)。

將陶罐製作地如此輕薄,很難解釋在實際使用上有何特別的優點,反而是須承擔隨時容易破裂的風險,而且在製作上必然要有更多的精力付出。那麼為何淇武蘭人仍汲汲於這種陶容器的製作?

觀察這個時代的外來器物種類,其中和陶容器有著相似功能,具有取代之威脅性者便屬瓷器與多數帶有釉的硬陶。先就硬陶而言,多數的體積頗大,不少外形或如甕,這些大又厚重的器

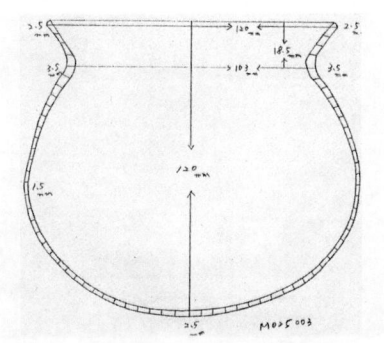

圖 8-2 器壁極薄是本地陶容器特色

物較無可能作為每日的飲食用具。若注意《噶瑪蘭廳志》常提及的「醃製」或「製酒」事實，相較之下，淇武蘭傳統陶罐的陶質容易滲水，並不適作此用途，反而是具有保水性的硬陶較適合作為食物醃製或長期儲存之容器。所以就功能而言，硬陶和傳統陶罐可說是具有互補性，而非取代性。

而瓷器的體積一般較小，外形如碗、盤、杯、碟、匙等皆適宜作為飲食用具。觀察這些飲食用瓷器的性質，多半具有質地細緻、硬度高、器薄、外形規整、器表彩繪紋飾等優勢，相較於一般本土陶器的質地粗糙、硬度低、器厚、外形不規整、器表單調等，即使不談當時美感或價值觀的因素，純就功能性方面而言，瓷器仍頗具有取代傳統飲食陶容器的潛力。據此，淇武蘭晚期不少陶容器種類消失不見的最合理解釋便是被外來瓷器所取代。

至於傳統上唯一持續使用的陶罐，它的「器壁薄」及「表面布滿規格紋飾」之表現皆是與實用的功能無關，但為何仍是淇武蘭人所重視或執意製造的特徵？其實，所謂具有「器壁薄」、「表面紋飾」等特質者莫過於外來的細緻瓷器，所以這樣說來，淇武蘭晚期陶罐的特有表現也和對外來瓷器的崇尚（或帶點較量性質）不無關係（圖8-3）。

圖 8-3　陶罐頸部的回紋是模仿外來瓷碗紋飾

觀察臺灣從新石器時代以來的陶器製作，容器的器壁並沒有因時代晚近而有一定轉硬或變薄之趨勢，即淇武蘭陶罐的器壁變薄現象並不是歷史的必然趨向，而是要從當地特殊的背景找答案。我認為社會上充斥的輕薄瓷器便是促成這種表現的主要原因。

至於淇武蘭陶罐表面上的幾何印紋，一般也見於臺灣北半部地區的鐵器時代。在蘭陽平原區域如淇武蘭早期亦常見，但一則是並非所有陶罐皆有此類紋飾，二來是陶罐施紋的部位常僅在頸部以下，頸部以上仍保持素面，即並非這種紋飾的全盛期。到了晚期，幾乎所有陶罐必有紋飾，而且施紋的部位已經遍及全容器表面，縱使紋飾本身各有不同，但皆依容器的部位表現連續性的帶狀紋飾，強烈呈現著一定的規格。這種施紋的意識強化恐怕也和瓷器表面美麗的花紋有關。

一語言之，淇武蘭的晚期在陶器器壁與紋飾上的力求表現多是受到外來瓷器特徵的刺激結果，即藉著保持與提高僅存的陶罐製作工藝，除了是鞏固傳統製陶工藝，也不無隱含著抗拒外來風潮的心理。

（三）信仰

僅據有限的考古資料，淇武蘭的精神信仰領域並不易深入探索，目前主要多仰賴出土的墓葬提供參考資訊。根據第一次發掘報告，淇武蘭早期墓葬共有 35 具，晚期墓葬共有 90 具。早期墓葬中擁有陪葬品者不多，共 11 具，其中以陶罐陪葬者僅有 2 具。晚期墓葬有陪葬品者已高達 83 具，其中 23 具可見傳統陶罐（表 8-1）[28]。從以上數字可以知道以器物陪葬的行為逐漸成為趨勢，尤其傳統陶

---

[28] 墓葬中具有陪葬品或傳統陶罐的實際比例應該更高於發掘報告的資料，因為發掘過程難免有所遺漏，或部分陪葬品亦會因自然環境變動而早已流失。

罐的代表性最顯著。所以傳統陶罐除了實用上的功能外，此時也具有更多象徵層次上的意義。

表 8-1　早期與晚期的墓葬陪葬品比較

	墓葬總數	有陪葬品	有傳統陶器
晚期	90	83 (92%)	23 (26%)
早期	35	11 (31%)	2 (6%)

而在充斥著外來品的社會下，這種以傳統陶罐為陪葬物的象徵性行為也開始受到了挑戰，在晚期墓葬中就出土不少以瓷器為陪葬品的例子（圖 8-4）。值得注意的是在一個墓葬中同時具有瓷器與傳統陶容器的例子僅僅只有 3 例，顯示兩種器物間存在著相當的互斥關係，或是說它們已有類似的象徵意義了，即外來的瓷器具有取代傳統陶罐的能力。這種價值觀的改變對於當地社會的衝擊無疑更大。

圖 8-4　以外來瓷器陪葬

五、結論

　　縱觀整個臺灣島的史前社會，鐵器時代與過去最大的不同點之一便是和外界接觸的擴大與加深。在蘭陽平原這種情形隨著時代愈晚更為加劇，最後對傳統的行為、風俗與價值觀都造成影響。這些社會現象都忠實地反映在與人類生活密切相關的陶器器物上。

　　本文試從飲食行為、工藝技術與精神信仰等三個角度討論淇武蘭陶器，認為：

（一）陶容器是傳統飲食器具，晚期多數陶容器種類消失，僅剩陶罐單一器種，這是受到瓷製容器的侵入，以外來飲食行為取代傳統行為的結果。

（二）陶器的製作是傳統工藝技術之一，晚期陶罐的質地與紋飾的特別表現亦可視為受到大量引入瓷器刺激的結果。

（三）傳統的淇武蘭陶罐具有作為陪葬品的功能，後來這個功能隨著社會價值觀的改變，亦被外來瓷器所逐步取代。

　　上述淇武蘭晚期的陶罐現象皆指向當時社會碰觸了大量的外來強勢文化，固有生活方式受到衝擊、威脅與快速改變。而在此同時，人群內部為了凝聚傳統，故刻意地加強對傳統陶罐的表現。總之，這些陶罐附有維繫傳統飲食行為、工藝技術，及價值觀上之象徵意義，是社會客觀情勢的反映，也是族群主觀表達的產物，是淇武蘭人文化轉換過程中的矛盾，也是意識到文化危機時所做的努力。綜言之，在一個受到外來威脅的社會中，這些陶罐的存在對於維繫傳統價值的意義是重大的。

　　然而最後，淇武蘭人的努力恐怕沒有成功。考古出土的一件布滿幾何印紋的陶碗，顯然是仿漢人的瓷碗所做（參見圖11-11）（陳有貝 2012b），從這件器物中看到傳統上對陶罐的製作堅持最終也動

搖了。墓葬中原本以傳統陶罐為陪葬品的風俗，最終也被漢人瓷器所取代，價值觀與文化的混同與消長可見一斑。

註：本文修改自〈淇武蘭遺址傳統陶罐的功能與意義探討〉（陳有貝 2013b）。內文主要是舉淇武蘭晚期的陶容器為例，藉以解釋背後社會現象。在臺灣考古學中，此類陶容器一般被稱為幾何印紋陶罐，常常出現在鐵器時代的臺灣北部與中北部。縱使如此，淇武蘭的這類陶器卻表現得非常特別，尤其是為何全村人民所製造出的陶罐卻表現得如此一致？所以我認為必有它社會上的特定背景，因此激發出村民製作上的共同想法。至今，蘭陽平原上的居民仍常表現出較高的集體意識，恐怕這也是來自過去以來噶瑪蘭族群的特性吧！

第九章
淇武蘭遺址的上文化層——
從裝飾、標記到意義的形成

一、前言與說明

　　裝飾行為是人類社會常見的一種現象，但在各個社會文化脈絡中具有不同的作用與意義。其中有些僅止於流行風格的表現，有些帶著另一層文化功能，有些則進一步轉換成具有其他意涵的形式表現。

　　本章將介紹淇武蘭遺址所出土之菸斗與陶容器上的刻畫圖樣，藉由分析這些圖樣形式以及出現的脈絡，可以瞭解它們源自早期的陶器紋樣裝飾，後來才轉換成具有標記意義的圖樣，是一個文化系統面對時代變化的產物。

二、人類裝飾物與意義

　　相對於各種器物在人類生活上的實用性，裝飾品的主要特徵常在於不尚實用，而是著重在精神、感受的層次，例如是一種美感與流行，或是其他象徵性的意涵。

　　廣泛從人類的發展歷史觀之，「裝飾」幾乎是各地人群普同行為之產物。大致遠在舊石器時代晚期即有較顯著具體的裝飾品，到了新石器時代以後，因生業形態逐步穩定，解放出的多餘人力使得裝飾行為增多與複雜化，並隨著各地社會的不同狀態而有不同的

形式發展。

　　對於考古裝飾品的分類，可藉觀察一般民族誌資料為參考，常見所涵蓋的範圍包括人類身體或服飾上穿戴的相關飾物，以及裝置於各種器物或建築構件上之裝飾物等（陳有貝 2015）。此外，例如紋樣、圖繪等，雖然本身沒有具體物質的存在，但是通常也具有和裝飾相等的意義，故也可納入相同範疇。

　　今日對於「裝飾」的意義似乎較為明確，究其原因，其一是複雜社會對器物的作用分化更詳細，如我們不會以「流行美感」解釋宗教上的器物，也不用精神信仰的觀點看待某件「藝術品」，這也是因為我們身處自我社會，可以清楚掌握認知意識所在。但在史前簡單社會，「裝飾」可能包含甚至混淆多種意義，而且因研究者多站在客觀他者的角度，便難以分辨其真實的內在。鑒於此，探索古代「裝飾」的意義便更需要從其文化脈絡中找到答案。

　　此外，「裝飾」的含意亦會隨著社會發展而逐步改變，常見原本為單純裝飾意義的物品，後來卻演變成具有特定意涵的象徵物，這類例子在人類社會中極為常見。例如在我們鄰邊的東亞大陸，史前時代有所謂的「玦形耳飾」，在距今 8,000 年前原本只是一種玉石製的裝飾耳環，到後來不僅它的形制改變，進入歷史時期後還成為肩負有社會、文化意義的象徵物，古代中國並藉此散布它的文化與價值思想（陳有貝 1998；黃士強 1975）。以上類似的例子不勝枚舉，古代中國不少玉器、青銅器在後來都成了乘載禮樂制度的象徵物。

　　基本上，古代臺灣不在中國禮制的波及範圍內，所以器物本身不一定有中國式的象徵化現象。然而臺灣各種「裝飾」是否也有自我的發展與演變路線？在淇武蘭發現了不少圖樣，這些究竟只是一種流行裝飾，還是具有其他另一層的意義？

三、淇武蘭上文化層的圖樣

(一) 資料

淇武蘭上文化層的陶容器數量極多，其一大特點是有極高的比例在器表上都拍印著各種紋樣。根據發掘報告的描述：「幾乎所有陶片皆有拍印紋飾，僅局部偶見素面。……觀察罐形器上拍印的施紋方式，以單一種紋樣拍滿於腹底部，然後再以相同或不同的紋樣橫向帶狀拍印於腹部、肩部以及口部，所有施紋方向以橫向為主，縱向較少，在使用多種紋飾時，常造成層層排列的效果。」(陳有貝等 2008：4冊，27)(圖 9-1)。

一般而言，所謂「幾何紋樣」的發源可以上溯到中國東南地方，較早具體出現的年代距今約 4,000 年前，史前臺灣的大量幾何紋樣見於新石器時代晚期至鐵器時代的中北部地區，亦可能是受到中國東南地方的傳播影響，然而它的意義不能直接引用島外的解釋。我認為蘭陽平原早期的幾何紋樣原屬於流行風格的影響，直到距今數百年前，才出現了另一種不同層次的意義，基本上它所代表的是一種人群的共識與認同，含有維續傳統文化意念的產物 (陳有貝 2005d)。

圖 9-1 器身充滿紋飾，由上而下層層排列

在上述的認識下，下文再檢視另一批關於幾何紋樣的資料：

（二）菸斗的紋樣

　　菸斗是出現於淇武蘭遺址晚期非常顯眼的器種，在第一次搶救發掘中共出土 307 件。使用菸斗吸食菸草無疑是學自外來的文化，因此菸斗的大量出現隱含著聚落對外接觸與貿易的增加，或是居民崇尚島外文化、物質生活富裕，及重視精神層次的享受等現象。

　　吸食菸草雖然是仿效外來的風尚，但菸斗器物本身卻多為當地的自製品，主要證據是在遺址現場可見製造過程中的半成品，且菸斗陶質和自製的陶容器質地相同。再依一般常理推想，菸斗乃是個人日常實際使用的物品（出土的菸斗多有菸炱，亦證明為實用品），製工簡易，所以由居民自製菸斗是極自然合理的。

　　如此看來，個人私有性並兼具實用性與精神享受便是菸斗的特質。再加上其材質多為陶製（陶製 234 件；石製 54 件），製作工序相對容易，因此可視為能充分反映個人意識的產物。

　　根據發掘報告所載，在 307 件菸斗中，器表多素面無紋，有紋飾的菸斗占兩成（陳有貝等 2008：5 冊，92），換算即 5 件菸斗中約有 1 件具有紋飾。

　　觀察紋飾，主要出現在吸孔以外的三個面上，基本多屬細劃紋，以及刺點、魚骨、斜格、X 形紋、菱形紋等幾何紋飾，其中若干呈簡單人形紋樣，亦有與陶罐口緣內側之標記類同者（同上：95-96）。以另個角度綜觀各種圖樣，還不難發現有個共同風格，即多數紋樣的基本元素皆是「斜向的劃紋」，並以此組成各種叉狀、三

圖 9-2　菸斗的紋飾（幾何紋飾與人形）

角與菱形等，甚至所謂人形亦是充滿同樣的要素（圖 9-2）。

　　整理以上可知在淇武蘭晚期時代，菸斗上的紋樣出現率已相當普遍，基本上是個別居民的獨自作品，但因文化脈絡相同，所以各紋樣呈現類同的風格，紋樣在表面上是裝飾作用，實質至少也含有標記私有物的功能。

（三）陶容器的標記

　　淇武蘭報告所言之「標記」，常見是以細尖物在器物表面刻劃而成，一般圖樣簡單，少有屬寫實的具體形象，若干圖樣可見重複出現。因為紋樣是刻劃者可隨意創造，相當程度是直接表現作者的意識。初步研究認為這類標記具有製造者、所有者或使用者為了記錄或宣稱器物所有之目的。

　　根據發掘報告的資料說明，陶容器上的標記主要都是出現在上文化層（晚期階段），在 61,383 件罐口陶片中有 657 件具有標記，約占 1.07%。絕大多數的標記都是出現在口緣內側（642 件），而針對各種標記紋樣，初步可再歸納成 113 種類別（陳有貝等 2008：4 冊，21）。

　　這批標記透露出何種訊息？首先，觀察這批標記的大小、外形與出現位置都有一定的風格類似性，所以沒有疑問可視為帶有同樣目的的表現。再據發掘報告所言「657 件標記被分類為 113 種類別」，此意指每種標記平均約有數次以上的出現率，代表多數標記乃是具有特定含意[29]，不是完全臨時性、隨機性的創造。

　　其次是標記出現的頻率問題。如上所述，以每件陶片為單位計算時，標記存在的比率僅有 1.07%。然而陶片僅是陶罐的碎片，實際

---

[29] 例如是家族共同使用的標記，或是個人固定使用的標記。

應改為「陶罐」才是具有意義的單位。重新計算後，結果顯然出現率提高頗多，以下為計算過程（量測資料參見發掘報告）：

根據 3 件幾乎完整的陶罐所測得的重量分別是：313.5 g、206 g、337 g，依此計算 1 件陶罐的平均重量約是 286 g。總計所有陶片（第一類陶）的總重量是 3,093,324 g，所以可復原計算這批陶片原來約略有 10,816 個陶罐。因在 10,816 個陶罐中共有 657 個罐口殘件具有標記，那麼便等於約 16 個陶罐中就有 1 個具有標記（10,816：657）[30]。以這個平均比例看來，將陶罐標記並不是偶然為之，而是當時社會上具有意義的行為。

最後再試著從標記本身尋找一些訊息。觀察這批標記本身的形樣（同上：22-23），我認為非常顯著的特徵便是多由斜向的線條所組成，水平與直線或弧線、圓形都相對稀少。例如在 113 種標記中，可舉出完全是由斜線構成的圖樣共有 75 種，而完全由直線或水平線構成的圖樣竟只有 4 種，其他同時含有各種線條者亦是以斜線要素居多。整體常構成 X 形、V 形、三角形、菱形等，形成一種清楚特定的風格（圖 9-3）。

由上可知，陶容器上的標記是到了淇武蘭晚期階段才突然出現，它是一種特定意念的表達，在村落中相當普遍[31]，又雖然是個別居民的獨自製作，卻顯現出某種風格上的類同性。

（四）菸斗紋樣與陶器標記

比較煙斗與容器上的紋樣或標記，可發現若干異同。其中最重要者便是兩者同樣多以斜向劃紋組成，形成一種相當清楚的文化共

---

[30] 如果 1 個陶罐有 2 個以上的標記，那麼實際的比例會再少。但如果標記陶罐是集中出現在某一時代，那麼實際比例會再提高。

[31] 同樣屬於蘭陽平原近代時期的大竹圍遺址上層亦出土具有類同標記的陶罐（陳有貝、陳俊廷 2019），説明這已是當時噶瑪蘭社會的普遍作為。

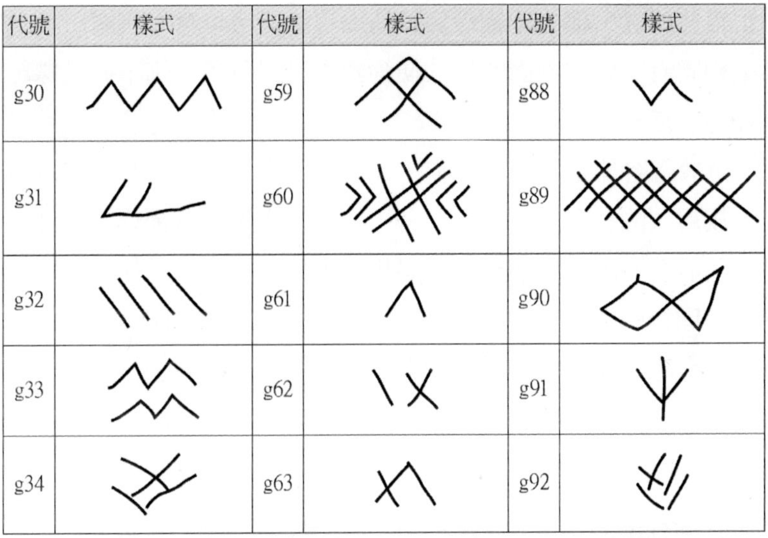

第九章　淇武蘭遺址的上文化層——從裝飾、標記到意義的形成　167

代號	樣式	代號	樣式	代號	樣式
g30		g59		g88	
g31		g60		g89	
g32		g61		g90	
g33		g62		g91	
g34		g63		g92	

圖 9-3　陶容器的圖樣舉例（取自發掘報告書，一部分）

同風格。相異者如菸斗的部分紋樣呈現較活潑、繁複與對稱，表現某種美感，較傾向有裝飾的性質；容器的紋樣較簡單、隨意，顯然無裝飾意圖，傾向標記的功用。對於這些現象，可以分別從器物的性質，以及裝飾或標記的發展過程等角度來理解之。

1. 器物的性質

在淇武蘭，吸食菸草乃是學自外來文化的新風尚，是一種精神上的享樂，而且沒有傳統文化的束縛（佐證是幾乎沒有菸斗出土於墓葬），所以表現在刻劃的紋樣上也相對顯得自然與活潑。此外，觀察菸斗出現圖樣的位置通常是在吸孔以外的三個面，可以瞭解它的用意是希望被他人看見、欣賞。從此點而言，它的圖樣確實著重於裝飾性目的。

另一方面，菸斗一般是個人所使用，屬於私人性器物，甚至會避免被他人所據，所以刻劃的圖樣絕對也有當成私人標記的作用。

觀察這些圖樣，部分刻繪線條較為簡單，甚至也有和陶罐口緣上的標記相同者，這類刻劃的目的便絕對不是只為了裝飾，而是標記該菸斗的所有。

至於陶容器是個人所製作，使用範圍多是以家族為單位，可視為家族層次的私有器物，因此利用標記來表示所有權亦是合理，此目的同於菸斗所見的圖樣。不過相對上便缺少裝飾的作用，所以不僅本身圖樣簡單，出現的位置都「隱藏」在口緣內側，這個位置不是以吸引他人注意為目的，而是為了「提醒」或是私下的「暗號」。

總之，菸斗上的圖樣同時具有裝飾與標記的作用，而陶容器圖樣則是以標記為目的，此點是和器物本身的性質相關。

2. 從裝飾到標記

淇武蘭的裝飾與標記都是同一個文化脈絡下的產物，而在年代發展的順序上，前者早於後者。

幾何紋樣是淇武蘭很具代表性的圖樣，這種風格在遺址早期便具體出現，尤其表現在陶容器表面的紋飾上，這時並沒有證據顯示它有裝飾以外的作用。到了遺址的晚期階段，幾何紋樣的意義被提升成為族群共同意識的表現，而且肩負著維持傳統文化的任務。類似圖樣還以各種形式變化出現於生活中的各種器物，如本文所討論之菸斗上的圖樣，或是呈現出特定族群意識的「高冠人像」等（陳有貝 2005d）。

「標記」同樣出現在遺址晚期，基本上它是因應當時社會發展的新產物（參見後文第 3 點），但觀察它由斜向線條所組成的圖樣，不難理解這是延伸自早期以來文化脈絡中的幾何紋飾（圖 9-4）。

換言之，從早期幾何紋樣的流行裝飾到晚期的標記符號，這是一個社會文化連續發展的過程，展現淇武蘭不同時代的村落與人群

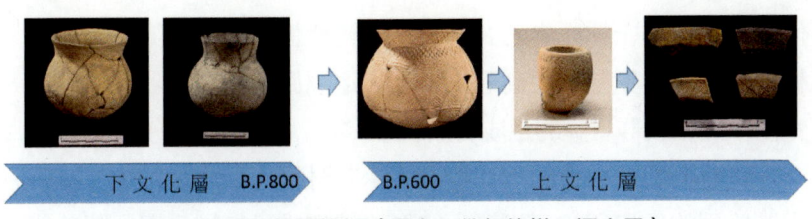

圖 9-4　從紋飾到標記（最左 1 件無紋樣，極少見）

的特色。

3. 標記的意義：器物所有權

淇武蘭的晚期階段受到外界文化頗大的影響與刺激，導致人群與社會形態產生不少變革，除了族群自我意識的累積增長外，還轉形成為以貿易為主的村落，而原來以物易物的貿易方式也可能加入了貨幣使用的概念（陳有貝 2016b）。此外，因外來貿易的影響或是社會中物資的突然增加，導致人群對於物品的觀念亦可能有所改變，如「私有財產」意識的強化等。

考古上的證據顯示：在淇武蘭下文化層中並沒有看到足以作為財產標識的證據，而是到了上文化層才大量且具體出現。嚴謹而言，這與早期社會是否存在著私有財產制度無關，而是到了晚期社會才發生特意強調私有物的必要。至少，帶有強烈個人私有性的菸斗，或是家族私有性的陶容器都出現了這種現象。這類考古器物很強而有力地證明這類標記行為與意義的必要性。

四、結論

根據文獻與考古資料，17 世紀的淇武蘭是蘭陽平原上最大的村落，無疑可視之為噶瑪蘭族群近代文化的代表。在淇武蘭的各種現象中，又以出現大量的傳統陶罐最引人注目，這些陶罐表面充滿幾

何印紋,這是一種原本為裝飾作用的紋樣轉變成文化表徵的現象。較極端的變形還包括「高冠人像」,這類族群標誌並非突然出現,背後顯然和族群意識的生成有關。

隨著噶瑪蘭社會的近代際遇,私有財物的觀念被強化,這時原本裝飾用的幾何印紋又以簡化的形式被作成具有標示與記號功能的紋樣。同樣地,這類標記也不是無故出現,它的起因可以追溯至貿易形態的轉變。

總之,「裝飾」原為一種較古老的人類普同行為,後來隨著不同社會的發展,「裝飾」在文化的脈絡下被賦予象徵上的意義,或是轉變成具有其他含意的表現。同樣,在研究上我們亦可根據「裝飾」的各類表現,探索古代社會的種種內在現象。

註:本文修改自〈從裝飾、標記到意義的形成:淇武蘭遺址所見〉(陳有貝 2018)。圖樣在史前社會時有所見,而出現在淇武蘭的圖樣已呈顯特定的風格,並含有標記的意義,所以我認為這也是反映當時社會變動的一個重要線索,值得再加探索。

雖然沒有足夠的考古證據(僅瓷器上的少數文字)可以證明淇武蘭村民已受到漢文字的影響,不過從時代整體狀態推測,如貨幣制度或文字等昭然的異文化必定激起不少村人的新思維,所以淇武蘭的裝飾圖樣才會以極快的速率轉化為富有象徵意義的元素。

肆、社會的變遷與族群

第十章
近代貿易的衝擊

一、前言與說明

　　發掘淇武蘭遺址的埋藏地層就能輕易發現隨著年代愈晚，出土愈多的外來物品，這當然是與外界的接觸和貿易更趨於頻繁的結果。從一個臺灣原住民村落的立場，藉興盛的對外貿易在獲取利益的同時，勢必也會對自己本身的社會帶來一定的衝擊。例如聚落內部一方面雖然充足了物質方面的資源，另方面卻也不得不改變原有的社會型態以對應新的貿易模式。

　　本章藉外來物的資料，說明與外貿易對原有淇武蘭社會的影響及意義。結論認為，因為強烈仰賴與需要外來物資，形成了新的生活模式，改變了原有社會的性質。如淇武蘭這樣的大型聚落很可能成為當時區域對外貿易的樞紐，它集結了四方來的各種物資，然後再藉由某種轉換機制，在與外界交易之同時，對內則和各個週邊村落實施交換，而整個過程中或許也有部分利用貨幣經濟的現象。

二、淇武蘭村落的背景

　　本遺址所在地點正好位在得子口溪的中、上游河川匯集處，已知的考古埋藏多集中分布在此溪流河床底及兩岸附近。從考古發掘中也挖到了過去的河道遺跡（圖 10-1），可確知過去以來這個村落一直是緊鄰著河岸兩旁。得子口溪是蘭陽平原上較大的河川之一，

圖 10-1　地層所見的舊河道

支流廣布，不只提供居民生活上所需要的淡水及各種漁業資源，也是古代來往平原各地的重要交通憑藉。從這點而言，古代的淇武蘭村落在環境上擁有不少先天優勢。

　　正如本書多處已經提及，淇武蘭至少在 17 世紀中期曾是一個非常大型的噶瑪蘭原住民村落（中村孝志 1938）。如果再據發掘出土的考古遺留與 C14 定年結果，本遺址的年代上限應可再延伸到距今 1,600 年前[32]，下限則可落入到 100 年前以內。進一步再根據考古出土的現象（例如住屋遺構、墓葬及各種器物的規模、數量），可比較出在年代較早期的階段，村落的規模明顯較小；到了較晚階段，村落的規模大。不過在整個晚期階段中，村落的規模亦有變動，若以歷史文獻所記錄的人口數量計，在 17 世紀中期有 800 多人，此時應是一個相對興盛的時代，此後人口日漸減少，甚至到了 19 世紀時

---

[32] 早期時代的村落住民是否可稱之為噶瑪蘭族，這是個需要充分論證的問題。不過，若是從土地住居者的角度而言，當地至少從 1,600 年前確實已存在著村落居民，他們當然會留下相當人數的後裔。

僅剩下數十人（姚瑩 1957）[33]。

　　從一千多年前的河岸小村是如何變成一個 400 年前的大聚落，又是如何再轉為沒落蕭條？在這個過程中，不能排除自然因素也是可能的作用力之一[34]。然而對於如此短期間的激烈變化，是否更該考慮社會文化面的直接因素？就一般所認識，此時期正當是臺灣島民與外界接觸加速的時代，這個過程的深化會不會即是村落轉化的主要關鍵？

　　本文的討論年代約為 17 世紀前半期以來，部分可上溯至 16 世紀後半[35]。主要將利用淇武蘭資料中的外來物品，探討當時與外接觸、貿易之狀態，及其對聚落性質所造成的影響。

　　在考古研究方法上，一種作法是先理出各種外來物的出土層位，再藉由外來物之不同層位判斷所屬年代，並據種類與數量的差異、變化探討其背後成因，即以地層資料為主要依據的探究法。只是這個理想在本議題研究中卻難以發揮，原因是：研究者常寄望利用考古出土層位即可判別器物出現的時代早晚，但是，當面對年代幅度較短或細微的年代差距問題時，考古層位的可信度便非如此絕對。因為理論上視為隨著年代早晚有次序堆疊之文化層，事實上卻都是當時的擾亂層。即考古學所謂的文化層其實是層層的擾亂層所堆疊而成，每個所謂的生活面實質是已含擾亂了數百年的堆積地層。因此根據文化層的上、下關係，基本上可以判別較大的年代差異，但

---

[33] 《東槎紀略》卷三中記載：「奇蘭武蘭社，距城十二里，土目曰謝馬抵，番丁男婦四十九口。」（姚瑩 1957）這個數字不一定是真實人口數的反映，主要原因是隨著時代漸晚，可能因社會環境與價值觀的改變，導致多數人不願承認自我為原住民，所以這個數字或許較實際人數偏低。只是附近的村落尚不乏有一、二百人以上者，故相較之下，顯然淇武蘭在當時已經沒落。

[34] 如林淑芬等（2010）提到：可能因自然環境的改變，迫使當地居民曾遠離此地。

[35] 此乃根據淇武蘭上文化層之 C14 資料，並參考 17 世紀的文獻與陶瓷資料而來。

是當應用於數百年甚至數十年的年代幅度時,可信度便隨之減低[36]。

由於有上述條件之限制,因此本文在資料的使用上將儘可能避開過於細微的器物年代,雖然這樣一來可能減低分析過程的嚴謹度,但也可減少因年代資料錯誤而造成的影響。

埋藏在地下的考古遺留是殘破的,經過發掘出土後的資料更是零碎的,資料的質與量都很難和有文字記錄的歷史文獻資料相比擬,更遠不及近代的民族誌調查或文化人類學田野參與觀察的成果。惟較長之處乃是能藉重客觀性的物質資料,並擁有探究具歷史深度議題的能力。

三、淇武蘭遺址出土的外來物

淇武蘭遺址於 2001 年及 2011 年間各經歷一次規模較大的搶救發掘,據長年持續的研究,目前對於這個遺址的所在時空都有些資料與認識。年代上,早期在距今約 1,600～800 年前間;晚期約在距今 600～100 年以內,兩個階段由同質性高的居民群體所構成,未見特殊外來者。

在遺址的發掘報告中,將所有出土物分成 12 大類,包括陶容器、硬陶與瓷器、木器、石器、金屬器、骨器、貝器、菸斗、紡輪、錢幣與裝飾品等。這個分類的判定基礎並非是使用同一個基準,而是綜合考量材質、製造技術、用途等性質後所做的判斷。值得注意的是這個分類似乎也和遺物的獲得來源有某種程度的相關性,例如其中的硬陶與瓷器、金屬器、錢幣,及大部分的裝飾品等類別便是多屬外來輸入的器物。從這點回看,顯然當時的外來物是一批具有特

---

[36] 另一種方法是以器物類型為主的研究法,即藉著器物的風格變化進行排列與統計式的驗證,用以建立較短年代幅度的遺物早晚序列。此分析過程較繁複,但在某些區域研究中確實有不錯成果,是未來可以努力的目標。

定的種類、性質或功能,經過雙方一定的選擇所輸入的物品,而不是漫無目的、偶然的進口物。換句話說,當時的外來物對於淇武蘭社會乃具有特定的意義。

以下將說明這些外來物的意義特徵,以循序探求當時變遷中的淇武蘭社會[37]。

(一) 硬陶與瓷器

據對臺灣考古的一般認識,在近代漢人大量移入本島以前,臺灣本地所製造的陶器幾乎都屬露天燒法、低溫燒成,且無輪製、無釉藥等技術,根據這個原則讓研究者可以很容易地分辨出絕大部分的島內陶器與島外陶瓷。

淇武蘭遺址中的硬陶與瓷器類別皆是出自窯燒,陶質堅硬,燒成溫度較高,且常見有輪製痕跡與釉藥,所以幾乎都不是本土製造,而是來自島外。統計遺址第一次搶救出土的本類器物(硬陶與瓷器)共超過 3 萬 5 千件,重量達約 2,000 kg,數量可謂相當龐大。

謝艾倫(2009:20-32)曾針對第一次搶救發掘中,保存狀況較完整之 25 個探坑的上文化層資料進行外來陶瓷的研究,共整理出外來陶瓷片 3,312 件,在可判斷的 26 類器種中,瓷器、硬陶與安平壺各占約三分之一。另就總數量而言,陶瓷片的件數約為本土陶片的十一分之一,表面看來比例並不高,但是以下幾點因素必須加以考慮:

---

[37] 下文中所提的各種考古遺留的出土脈絡資料,可參閱《淇武蘭遺址搶救發掘報告》。當考古發掘工作進行之時,基本上皆儘可能記錄各種遺留的出土狀態,這些原始資料於日後再經一番登錄與整理後,始登載於正式發掘報告,以供各研究者從事進一步的分析研究。但由於報告書的篇幅有限,故若對於其中原始資料有不明之處,皆可向當地考古資料保管機構(宜蘭縣文化局),或計畫主持人查詢。本文限於篇幅,未能完整交待各種遺留的出土脈絡資料,僅就與本研究相關部分,自原報告中取得資料進行議題討論。

1. 本土陶器的質地軟，易破碎；外來陶瓷的質地堅硬，不易破碎。試計算平均重量，本土陶片殘件每件平均重 5.7 g，外來陶瓷則約重 61 g（件數 29,254 片，重量 1,782,985 g，不計磚瓦類）。也就是本土陶片殘件一般較小；外來陶瓷的殘片較大。如此一來，若復原為實際容器時，外來陶瓷和本土陶器的數量幾乎是不相上下[38]。
2. 本土陶器就地生產，容易獲得，且易破碎，使用或存在的時間短；外來陶瓷須仰賴進口，不易獲得，應較被珍視與保存，且質堅，使用與存在的時間長。所以，假設兩類容器最後累積出土的總件數一樣，則事實上在當時的同一時間點中，實際使用或存在於村落的外來陶瓷數量應該大於本土陶器[39]。

參考了以上兩點，便能瞭解雖然因為各種容器的大小不同，重量不一，性能又有異，導致不容易從殘件準確推算實際的件數比例，但是幾乎可以確信硬陶與瓷器在當時生活中的「存在量」或「使用量」將要遠比件數比例所呈現的結果為多。

在一個史前原住民村落中竟然存在著如此大量的外來容器？必有特殊的原因。這些陶瓷會不會只是為了裝盛某些液體才進口？但是因為出土陶瓷的種類多樣，而且有不少如碗、盤等非裝盛用的器形，所以至少仍有大量的陶瓷其本身就是輸入的目的。若從容器本身的客觀功能角度解讀，硬陶與瓷器的質地堅硬（因有窯燒，燒製溫度高且均勻），外形規整（因有輪製技術），表面美觀（因有釉藥技術），這些性質皆較傳統以來本地所自產的陶容器有相對上的

---

[38] 此為根據質量、面積、器形大小所再度粗略換算的結果，僅供參考，不另贅述。
[39] 換一個說法解釋如下：假設一個硬陶罐可以使用 10 年，傳統陶罐只能使用 1 年，如果在 10 年內的地層中發現相同數量的硬陶罐與傳統陶罐，那麼在同一個時間點上，存在或可以使用的硬陶罐必定是多於傳統陶罐。

優點,所以受到當地歡迎,因而才被大量地輸入。而且無論輸入的主要目的是物資,還是容器,最終當地對這些器物的重視與利用是無庸置疑的[40]。

只是事實還不僅如此,重點是這麼大量的外來容器完全已超出一個聚落村民的一般基本生活所需(見下文),而且居民們勢必也要耗費足以對價的物資以和外界購換,究竟這批外來物品對於這個村落的意義何在?

對於淇武蘭居民而言,這些外來陶瓷器是否全被作為基本生活用品?真實的情形或許並不是截然二分,也就是若干器物屬於現實生活所用,若干不是。所謂不是的理由,是因為淇武蘭進口的這些外來陶瓷的種類並不適合原有的傳統生活方式。關於這點,可從以下資料得知一二。

觀察容器的種類與性質,本地傳統陶容器之外形幾乎僅有單一器種「罐」,計算發掘出土的陶片,罐容器的占有比例高達99%以上,甚至占有率為第二高的器種「甑」,其實也是由兩件典型的罐所疊合而成[41]。這種情形是日常生活的實態外,同時如墓葬中的陪葬用品亦是使用同種的陶罐,十足顯示當地幾乎沒有再燒製其他種類陶容器之必要與企圖。造成這種現象的原因,固然也可能是本土其他器種已被各式各樣的外來器所取代,但參考文獻記錄的若干描寫後,便知真正原因可能和村民原有的傳統飲食行為更有關。如最具代表性的《噶瑪蘭廳志》便提到:「其粟名倭,粒大而性黏,略似糯米。蒸熟攤冷,以手掬而食之」,此處清楚描寫噶瑪蘭人原本在生活中多直接用手取物就食,並非如漢族有使用碗筷、湯匙等器具的習慣

---

[40] 關於此點,還可以從很多墓葬中都有外來陶瓷器作為陪葬品而得到印證。
[41] 以第一次搶救發掘出土的陶片為例,可辨識器種者共有 64,533 件,其中可判別器種為罐者有 61,383 件,屬甑者有 3,113 件。

（陳有貝 2012b），即在淇武蘭傳統飲食中並不須使用太多各種的陶容器。反觀考古出土的各種外來硬陶與瓷器，器種至少達 20 類，形態、大小各式各樣，可以說和傳統單純的陶罐形成強烈的對照。由此透露出一個重要的訊息，便是進口如此多樣、多量的外來容器的原因並非僅是針對村落中的實際生活所需。

淇武蘭遺址中出現了大量的外來硬陶與瓷器，呈現這個聚落對於陶瓷外來物品的急遽高度所求，究其原因，並不是純然能以生活上的實質需求，或是因日漸崇尚外來風潮所足以解釋，顯然必有其他目的。

（二）裝飾品

在第一次搶救發掘中共獲得 12,597 件裝飾品，依材質可分為瑪瑙、玻璃、金屬、貝、木、骨角等類別，其中又以玻璃、金屬與瑪瑙製品的數量最多，若以種類計，則以珠類最多。此外，可以再從價值意義的角度，對本批裝飾品作如下討論：

1. 特別珍貴物品

在所有出土的裝飾品中，大型瑪瑙珠及金鯉魚相當引人注目，應是非常珍貴的器物。這個推測的根據是來自器物本身的材質、工藝技術、數量的稀少性，並參考文獻中的記錄。所謂金鯉魚（圖 10-2）[42] 是使用銅合金的絲線材料，以非常細緻的手法彎曲纏繞，製成如彎月形或魚形，成品全長約 30～40 cm 或更大，粗估每件成品的絲線材料便需數公尺，彎曲工序遠超過百次，製工繁瑣，在淇武蘭兩次搶救發掘中可確認者僅 2 件。

---

[42] 金鯉魚的名稱見於漢人的文獻記錄。可能是原物件的表面呈現金色，外形又類似鯉魚，故取其名。

圖 10-2　出土於墓葬的金鯉魚飾品（左右不同件）

　　大型瑪瑙珠（參見圖 1-25 左上）是由一整塊瑪瑙材料經研磨，一體製成，外形呈近橢圓體，或似蛋狀，長軸的器心帶一縱穿。在發掘報告中以長度超過 4 cm 者歸類為大型，外形分類多歸為梭形，極少數為角管形。兩次搶救發掘共出土大型瑪瑙珠近 30 件，其中較大者的直徑達 6～7 cm，且數量更少。另常見小型瑪瑙珠，共有 800 餘件，和大型瑪瑙珠的數量相差頗大。

　　就材質本身而言，瑪瑙雖非罕見，但大型的瑪瑙材料便較稀少。只要經簡易計算，便可知大型瑪瑙珠在體積或重量上是小型瑪瑙珠的數百倍，即一件大型瑪瑙珠的材料原本將可製成非常多數量的小型瑪瑙珠，其價值當然不言可喻。

　　淇武蘭遺址出土的金鯉魚與大型瑪瑙珠都屬臺灣考古的首度發現，後來僅於宜蘭農校遺址[43]再度出土金鯉魚，蘭陽平原或臺灣各地遺址皆尚未見出土。從文獻記錄也可意識到這兩種器物在噶瑪蘭社會受到矚目的程度，例如《東槎紀略》：「俗重金鯉魚，以銅線編成，形如新月，佩之出入，群以為豔羨矣」（姚瑩 1957），或《噶瑪蘭志略》：「今諸番去銅鈴而飾以琉璃念珠，其貴者以金絲製為魚」（柯

---

[43] 宜蘭農校遺址的考古出土豐富，推測亦屬過去大型村落的遺留。

培元 1957)，《噶瑪蘭廳志》：「好雜色珠玩，有如榴子大者，有類瑪瑙形者，有小如魚目者」等。

以上，此兩種器物呈現出的是工藝、美感、稀少性與珍貴性，甚至已蘊涵著族群特有的價值觀。

2. 一般性裝飾品

如前述，一般裝飾品在材質上以金屬製、玻璃製與瑪瑙製居多，目前少有證據顯示本地有製造金屬與玻璃材質器物的能力，推測這兩類多屬外來器物。而瑪瑙類也因為出土數量多，不盡可能全屬蘭陽平原所供應與製造，因此整體而言，當時流行的裝飾品可以說主要多屬外來物品。

就種類方面，據第一次發掘的出土資料，金屬製裝飾品可分類為各種的鈴、環、片狀品、金屬板、耳飾、髮簪、編物、雕飾及其他等，大部分都是屬於較細小的物件，除部分飾有人面的鈴之外形較具明顯特徵外，其他並不見一定之規格。玻璃製飾品的種類主要皆為珠類（占 99.7%）（圖 10-3），少數為環、玦與其他。初步觀察各種珠飾的質地、顏色與外形，呈現多種不同的性質，故可能來自不同的製造來源[44]。

比較於約略同時代的附近其他遺址，如位於雙溪河口的龍門舊社遺址。該遺址

圖 10-3　玻璃珠中的一類

---

[44] 關於玻璃珠的產地問題，一般常藉著玻璃礦物成分的分析以推論來源。但淇武蘭遺址尚缺乏這部分的研究，只能大概以外表所見推測。

的年代約在距今 400～200 年前，可能即是歷史文獻中所提到清代三貂社的遺留。從考古遺物資料可知該社與蘭陽平原的村落應有不少往來。在 2004 年的發掘出土物中，屬於外來的器物有玻璃與瑪瑙飾品等，總數僅 8 件，但卻有骨、角、牙、貝等多數應是本地所製的裝飾品，共 26 件（參見圖 5-4）（潘瑋玲 2005：88-103）。同樣都是見於當時社會生活中的實用裝飾品[45]。但附近的村落多是以使用本地製品為主，這和淇武蘭的現象有不小差異。在蘭陽平原的一些晚期遺址上，可採集到的裝飾品多屬小型的瑪瑙珠一類，而且種類單調。由此看來，這才是一般聚落的實態。

　　以上將淇武蘭的裝飾品依性質分為兩類，一類屬較為珍貴者，另一類屬一般裝飾性質者。珍貴性裝飾品的代表性器物如金鯉魚與大型瑪瑙珠，它們的材料特殊，製作細緻，數量少，應具有特別的價值或意義，擁有者可能是社會中的權力者、富有者或特殊階層成員。由於這類器物少見於同時代其他遺址，故相較之下，淇武蘭顯得像是一個較為富裕的聚落。

　　一般性裝飾品的數量相當多，形態、種類亦多樣，主要仍是以外來物為主。這現象除了表明當時淇武蘭人的一種風尚傾向外，還有什麼樣的暗示？如果實際上的情形是如週邊遺址所見，一般噶瑪蘭人仍是相當程度地使用本土製的裝飾品，那麼淇武蘭大量的外來裝飾品當然不會只是一個聚落村民的實質所需。王儷螢（2011：112-117）在針對淇武蘭遺址的裝飾品進行研究後，指出淇武蘭人本身對飾物乃有一套認識系統，故對外來飾品的輸入是有選擇的，例

---

[45] 就考古出土所呈現的器物脈絡，淇武蘭遺址的裝飾品多出於墓葬，文化層較少。這種現象當然是和發掘過程有關，因為墓葬中的保存條件較佳，而且較容易被完整細微地發掘所致。主要還是根據目前並未發現墓葬中有特定專用的裝飾品（臺灣某些遺址可以看到一些專門用的陪葬品，如卑南遺址。）故在這種情形下，可認為淇武蘭裝飾品多屬生活中所使用。

如珠飾同時也代表著財富與聲望。將這個概念連結上述暗示後，就不難瞭解輸入一般性的裝飾品其實還是一種有意圖性的貿易選擇，背後尚存在著利益上的考量。

（三）金屬器

近年來對於史前臺灣自製金屬器的狀態與規模有不少新的認識，如包括十三行遺址在內的北部、東北部遺址中有時可見鐵器製造的相關資料，東南部的舊香蘭遺址則有金屬鑄造技術的發現。不過就整體而言，其他多數遺址的相關發現皆少，而且文獻上的記載也有限，所以只能視為若干特定地區確有金屬器製造，終究還不是島內廣泛性的普遍行為，多數金屬器應該還是來自島外。

淇武蘭出土的金屬器之數量多（圖 10-4），質地佳，且不少為大型器[46]。發掘中未見明顯的金屬器製造遺跡，另據《噶瑪蘭廳志》：

圖 10-4　各種金屬器（左上 2 件：鐵刀）

---

[46] 金屬是一種易於腐蝕毀損的材質，不似陶、石類可長久存留，惟有品質較佳或器體較大者才得以在遺址中長期存在。所以原聚落中所使用金屬器的數量必是高於從發掘出土的數量。

「惟陶冶不能自為,得鐵,則取澗中兩石自槌之,久亦成器。」故推測蘭陽平原絕多數金屬器基本仍屬外來。

不包含裝飾品或錢幣等類,淇武蘭第一次搶救發掘共出土金屬器 768 件,其中下文化層僅 35 件,極多數都是來自上文化層。各種金屬器的種類與器形亦屬多樣,在發掘報告中將鐵器分為 12 類;銅器分為 7 類。初步看來,所有器物基本上都是實用性物品(不含裝飾品與錢幣類),性質上尤以農工用具居多,且不少器物的外形大,形態完整。

此批金屬器對於淇武蘭聚落有何意義?一般而言,金屬器的出現與使用是臺灣鐵器時代的特徵,有著較高效率的鐵器幾乎取代了長久以來的多種石器。在淇武蘭亦是如此,兩次大面積的發掘出土的石器數量及種類皆少。當然,此乃屬於臺灣鐵器時代共通的現象,淇武蘭的鐵器還另有特點,首先便是它的數量。

試以約略同時期,又同樣位於蘭陽平原的宜蘭農校遺址資料作比較,該遺址於近 10 餘年間有多次的調查與發掘,推估地下考古埋藏亦相當豐富,內涵多近於淇武蘭遺址上文化層的主要埋藏,甚至原來也可能是規模不小的聚落[47]。為方便比較,研究者取其中有較完整的發掘區域計算,該面積大致是淇武蘭遺址發掘的十分之一,在如此範圍內僅出土 35 件狀態零碎、器形亦多不明的鐵器(李貞瑩、邱水金 2014;邱水金、李貞瑩 2010)。相對上,淇武蘭共有 666 件鐵器(不計下文化層),其中可以清楚辨識器形者有 318 件,特別

---

[47] 蘭陽平原鐵器時代的考古遺址不少,但已知埋藏物較多的遺址並不多見。除淇武蘭外,即屬宜蘭農校遺址的出土物較多(李貞瑩、邱水金 2014)。宜蘭農校的主要年代或稍晚於淇武蘭上層主要年代,出土外來物亦不少,其中尤以 3 件金鯉魚、各型金箔片和數量頗多的黃色雙層管珠最突出,故基本上該村落仍展現富裕性。但若與淇武蘭相較,如一般具普遍性的金屬器、菸斗、錢幣、瑪瑙珠等,宜蘭農校的出土比率皆明顯少於淇武蘭,故其貿易性格應不若淇武蘭顯著。

值得一提的是鐵刀[48]的數量高達 145 件，且多數外形仍然相當完整。

鐵刀是原住民社會中極為重要的一種工具，《噶瑪蘭廳志》：「腰間一刀，凡所成造皆出於此。惟陶冶不能自為，得鐵，則取澗中兩石自搥之，久亦成器。」這段話直接言明鐵刀在實際生活中的重要性，事實上不少原住民仰賴鐵刀的行為習慣至近代仍未改變（圖10-5）。淇武蘭擁有大量鐵刀的現象確實非常突出，很難想像這類重要的鐵刀全數只是供應淇武蘭一個聚落所使用。

鐵或金屬，毫無疑問是當時社會上貴重的物資，淇武蘭有能力大量進口且「囤積」重要的鐵刀，這揭示了它的富裕現象外，還暗示著背後的何種現象？

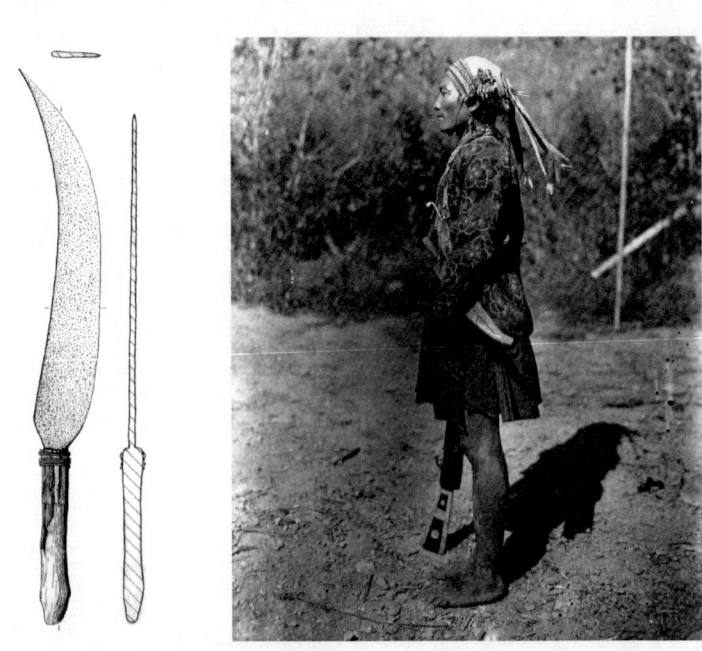

圖10-5 「腰間一刀」是原住民常見裝配（引自「國立臺灣大學人類學博物館」）

---

[48] 此大類中尚有各種次分類。

（四）小結

歸納上述三類外來器物呈現之現象，可整理如以下三點：

1. 若干外來物的材料特殊，製作精美，數量稀少，不一定有實用性功能，但象徵性的社會價值感高，典型如金鯉魚、大型瑪瑙珠等。這類器物的出現，顯示出淇武蘭人的生活充裕及社會階層發展的一面。
2. 若干外來物的種類相當多樣，而且不少非本村落實際生活所用，例如各種硬陶與瓷器等。這類器物的出現暗示淇武蘭人對於各種物資有其他的利用方式。
3. 某些種類的外來物數量很多，且一般具有高價，同樣非全部作為本村落居民生活所用，此類以鐵刀最具代表性。這種現象仍是顯示村人對於物資有其他的利用方式。

以上種種都指向淇武蘭進口了非常大量的外來器物，並且能過著看似富足的生活。所以接著的問題便是：這些物資既不全然是供應自己村落所使用，那麼進口這些如此大量的真正目的為何？又這些物資通常具有相當的價值，淇武蘭人如何能提供足夠等價的交換物資？當中的機制與運作方式為何？對於一個聚落而言，是什麼樣的動機與背景促成它形成這般的性質？欲解答這些問題，關鍵可從瞭解進口外來物的「目的」、「機制」與「條件」開始。首先就物資的「目的」而言，一般可從實用性、社會性與利益性等角度來理解。最單純的實用性指的是實際上的功能需求；社會性指生活文化中的行為崇尚與風潮；利益性指藉此換取他種利益的價值。前兩類大致已清楚反映於淇武蘭的若干外來物性質中，除此之外，外來物現象中仍有無法解釋者，這部分最有可能便是適用於利益性的目的。

在「機制」方面，基本上一般認為原住民使用「以物易物」的

方式以換取生活所需物資。所謂「以物易物」，通常僅是作為「溝通個人有無」的辦法，難以進行大規模貿易，更遑論藉此機制達到具有更高利益性的目的。但從遺址的考古研究發現，17世紀的淇武蘭顯然和外界有相當的接觸與貿易經驗，故超出單純、個人性的「以物易物」，如集中易物，甚至以若干具價值之流通物為媒介，進行近似「貨幣經濟」的交易亦非完全無可能。

就「條件」而言，當時的時代正值東亞貿易的盛行時期，島外與蘭陽平原皆有貿易上的動機。而在自然環境上，淇武蘭位於平原中大、小溪流的集結處，河流本身有舟船航行之利[49]，可構成與海外之交通網絡。無論對象是平原內之其他村落，或是對於來自海外的貿易，淇武蘭的地點顯然具有客觀有利的條件。更進一步，從淇武蘭遺址與河川的相關位置也透露出一些訊息，得子口溪在這裡剛好形成幾個曲流，根據發掘所知，遺址的主要埋藏（過去村落位置）多位於河流北側的切割坡[50]，於滑走坡側的埋藏明顯較少。以一般地理學上之知識，位於河川切割坡（即凹岸）之聚落，多是著眼於本側河道較深所帶來的航運便利，甚至本身即為港口市鎮；若位於滑走坡則是重視生活或農業取水，多屬農業村落。由此得出淇武蘭相對重視航運，而非只是一個單純的農業村落[51]。

總結以上線索，包括：利益上的目的、集中貿易的方法機制、優良的交通條件等，依此考慮什麼樣的行為可以同時與之對應，當然「一個以貿易為主的聚落」無疑就是最佳的答案。這個聚落藉其

---

[49] 遺址出土了幾件船槳，證實當時確有河川行船的事實。直到今日，淇武蘭村落旁的河川上仍可見小舟通行，且每年舉辦當地特有的「龍舟比賽」，皆足以說明過去川航運在當地的重要性。

[50] 本遺址在發掘中曾發現舊河道，大致位於現今河道之偏北側，故可知當時曲流的曲度更大，而南、北兩側的地形差異亦顯著。

[51] 今日得子口溪的上游尚有十六結、三十九結等小村落皆是位於河川滑走坡，可和淇武蘭作一對比。

有利的時空條件,化身為海外與平原交易的集中地,以獲取貿易所帶來的利益。

四、一個假設:地域貿易中心

貿易是藉著溝通有無以促進雙方或多方生活物資的行為,可以想見在彼此類似性較高的社會中,貿易活動便較為簡單;彼此差異愈大的社會之間,貿易行為便趨向頻繁與重要。本來於蘭陽平原上的各個噶瑪蘭村落之間,應存在較單純的貿易,惟當開始與差異較大的島外文化接觸後,可以貿易的內容便有大幅施展與擴增的空間。

在蘭陽平原的貿易行為大幅增展的背景下,某些聚落勢必改變原有的性質,扮演著較為關鍵性的角色。從前文所舉的現象看來,淇武蘭就是其一。這個聚落和蘭陽平原上一般中、小型聚落的性質並不相同,它已趨向一種以貿易為主要性質的聚落。

試將這個發展過程陳述如下:淇武蘭原本只是得子口溪旁的一個小村落,到了16、17世紀時,在東亞貿易風潮的影響下,蘭陽平原與海外的接觸與貿易機會增加,這時的淇武蘭藉著它在水運上的便利條件,一方面展開對外貿易,獲得大量外來物資,同時也可再轉銷至蘭陽平原的其他村落;另方面,換取獲得的蘭陽平原物資也被當成對外貿易的對價品(圖10-6)。淇武蘭人在這個過程中不但得到海外商品與平原物資,也從中得到了相當的利益,以致發展成一個人口集中的大型聚落;蘭陽平原上其他的中、小村落則藉由這種模式,換得海外商品;海外商人亦可有效進行大量的集中貿易,以獲得來自蘭陽平原的資源。

對於以上推測,還可以在淇武蘭的發掘資料中找到一些佐證,補充如下:

(一)大型聚落

淇武蘭藉著可行集中貿易之利，從而變成一個較為富裕的聚落，最能說明這種現象的證據之一便是該聚落的規模。試舉 1650 年荷蘭人的戶口調查資料為例，淇武蘭的人口數高達 840 人，為蘭陽平原上最多。表 10-1 是將當時有記錄的 45 個村落依人口規模進行的分類統計。

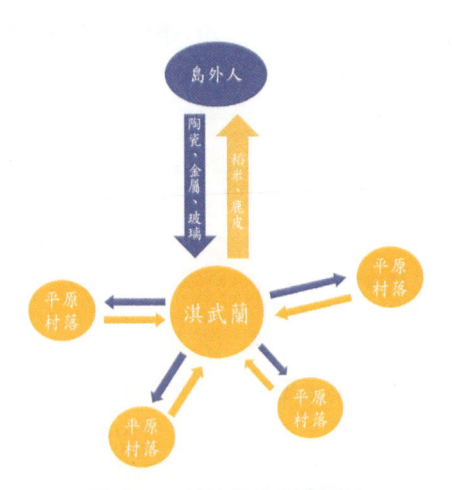

圖 10-6　淇武蘭的貿易系統

據表 10-1 所示，多數聚落的人口規模大致在 51～300 人之間，其他少數較大聚落亦在 500 人以下，如第二大聚落的婆羅辛仔宛為 457 人，但實際上這個數字僅比淇武蘭的半數稍多。由這些數字的比較看來，淇武蘭的規模確實較其他村落大很多，這不是一個普通村落的現象，必有其異質性的原因。我認為正是因為有大規模的貿易活動，才足以維繫淇武蘭成為一個人口數眾多的大型聚落。

淇武蘭的聚落盛況看來並沒有維持太久，大約在 19 世紀初期，村落人口便回復到僅有數十人的普通規模（姚瑩 1957）。這個時間點剛好也是漢人移民開始大舉進入蘭陽平原之時，如果漢人取代了淇武蘭在平原上的貿易地位，或是破壞了原有的貿易網絡，那麼淇武蘭聚落規模的迅速縮小亦是可以預期。

表 10-1　1650 年蘭陽平原噶瑪蘭聚落人口的分類統計

村落人口	1－50	51－100	101－150	151－200	201－250	251－300	301－350	351－400	400－500	840
村落數	1	8	4	12	7	5	3	2	2	1

資料來源：中村孝志著，吳密察、許賢瑤譯 (1994)。

淇武蘭聚落的人口消長現象和對外貿易的狀態緊密連動，十足顯示出貿易在這個聚落中的重要性。

（二）富足的生活

遺址出土的一些物質證據反映出本聚落的富足狀態，典型者如金鯉魚、大型瑪瑙珠等珍貴物品，這類器物基本上無實用的功能，表面具有裝飾的作用，實則亦含有價值上的意義。此外還有以下幾項證據可輔助說明：

據文獻顯示，1646 年淇武蘭 46 戶中有 8 戶尚可向荷蘭東印度公司繳納貢金（鮑曉鷗，Nakao Eki 譯 2008：119），顯示淇武蘭是蘭陽平原中較有意願與外界溝通的村落，當然這也和本村落的富裕狀態有關。

再據研究，臺灣原住民取得菸草的時間大概在 16 世紀末，藉從菲律賓輸出到日本途中引入臺灣（稅所重雄著，吳萬煌譯 1993）。這個時間和淇武蘭遺址的考古資料大致吻合，淇武蘭使用菸斗吸食菸草的行為應該也是在這個風潮中獲得。

遺址中幾乎所有的菸斗都出土自上文化層，大部分為陶製，質地和本地所產的陶罐質地相同，大概有 20% 的器表上還刻劃有噶瑪蘭常見的幾何劃紋與圖形，而且遺址中也發現許多半成品，根據這些現象認定這批菸斗主要都是聚落村民所自製。

在遺址的第一次考古發掘共出土 307 件菸斗。試比較於前文所提的宜蘭農校遺址發掘資料（邱水金、李貞瑩 2010），該遺址共出土了 21 件菸斗，顯然淇武蘭的菸斗數量極多，反映出有較為普遍的菸草吸食風氣。除此，這些菸斗有石製與陶製之分，石製品較為費工細緻，相形之下，陶製品製作容易，外表較粗略。淇武蘭有 54 件石製，234 件陶製，石與陶的相對比例粗略約為 1：5；反觀宜蘭農

校有 16 件石製，5 件陶製，石與陶的比例約是 3：1，兩個遺址的差異有著不容忽視的鮮明。初步看來，宜蘭農校的菸斗多是製作費工的石製品，即在當地吸食菸草是比較珍視、講究的行為；而在淇武蘭多為製作簡略的陶製菸斗，因此在當地獲得菸草與吸食便是較普及的行為。同樣的道理，宜蘭農校約有 50% 的菸斗在器身刻劃有圖樣，也是費工細緻的表現，這部分亦是多於淇武蘭的 20%。

　　由上之比較，不難瞭解吸食菸草在淇武蘭已是盛行於一般人的普遍活動。這種行為本身無關生業，是一種生活娛樂，若從事此種活動的人口愈多愈普遍，即代表生活愈富足。

　　類似的生活娛樂尚有飲酒。酒，在原住民村落中屬常見，多可自製，也是一種非關生業的活動，並兼帶有娛樂性或祭儀性質的行為，在《噶瑪蘭廳志》等文獻中皆不乏記錄。

　　除自製酒外，噶瑪蘭人亦可能進口外來的酒，從事陶瓷研究的謝明良（2011：121-122）認為，淇武蘭遺址所出土大量的外來陶瓷中有不少可能是作為裝酒的容器之用，例如 1,000 多件的安平壺或是其一，由此亦顯示本聚落相對富庶。

　　菸草與酒都是當時從外界銷入臺灣的重要娛樂商品，淇武蘭居民擁有這些高於其他村落的生活享受，甚至呈現出一種海外崇尚的風氣，造成這種現象的直接因素便是盛行的海外貿易。

（三）生業活動的減少

　　一般欲維繫村落的基本生活，居民必須有相對應的生業活動。臺灣新石器時代以來的考古遺址常見的遺物也多和生業活動相關，例如農業用的打製石斧、石刀、石杵；狩獵用的箭頭、槍頭；漁業用的網墜、魚鏢等。屬於鐵器時代的淇武蘭遺址亦有各種生業用具出土，多數都已是鐵製品，尤以和農業相關者最多。惟其中卻有一

點相當特殊與令人難解,即幾乎不見網墜遺物的出土。

網墜為漁網的必要附件,使用漁網捕魚是臺灣史前以來相當常見的生業技術,然而為何瀕臨河川邊的淇武蘭竟不使用這項普遍並具有傳統的漁業技術[52]?

根據過去的考古調查資料,使用漁網其實是蘭陽平原上相當普遍的技術,本地區的鐵器時代遺址中不乏可見一種陶製的橄欖形網墜(圖 10-7)(黃士強等 1987),這可視為蘭陽平原上相當具有代表性的漁業遺物。但是發掘面積最大、埋藏最豐富的淇武蘭遺址卻未見這種遺物?不得不懷疑乃是因為淇武蘭人過度著重於貿易活動,因此即使居於河邊,河川的功能仍以航運為主,不以漁業為主要目的了。

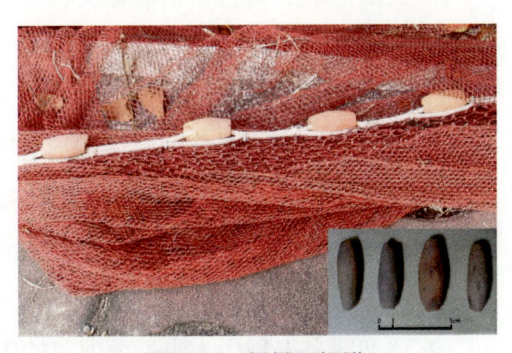

圖 10-7　橄欖形網墜

五、結論與展望

(一)結論

史前的臺灣並非完全封閉,而是和外界有一些接觸、物質交換或往來。這種行為是偶然、零星,還是有特定模式的存在,目前的考古研究尚少。可以確信的是到了近代東亞海域的貿易盛行,才促

---

[52] 這個考古現象多少也和文獻中的記錄相呼應,如《噶瑪蘭廳志》記載:「漁獵無網羅,止用鏢」(陳淑均 1963)。只是廳志所言,恐怕也可能只是某些聚落的現象,至少在其他蘭陽平原考古遺址中並不難發現網墜。

使臺灣原住民社會增加與島外世界的接觸，在這個過程中陸續輸入了來自海外各地的商品，尤以平原地區為甚。

蘭陽平原即是其一，貿易可能成為噶瑪蘭人群與外界往來的最重要目的。又因為這種活動不斷地被加強與擴張，不僅可能產生某種程度模式化的貿易新行為，接連也導致了平原上人群實質生活與社會文化的變化，甚至造成若干傳統聚落之性質的變遷。

淇武蘭遺址的考古資料清晰反映了上述。本聚落在地理交通上有河海航運之利可與外界接觸，又位居於平原上各聚落要道間，兼有內、外貿易之便，若貿易量逐漸增大，一時將成為地域間對外、對內的交易集散地。聚落內的居民為了維持與增進對外貿易，一方面集結了蘭陽平原上的各種物資，以作為和海外交易的對價品，另方面將取得的海外物資再輸入至平原上的其他聚落，以再度換取生活上所需資源及對外交易的資本。

在這個貿易過程中，淇武蘭聚落的居民勢必從中獲取相當的利益，使他們得以過著較富足的生活，有著較多的非基本生活用品及生活享受，而無需從事同等量的生業型勞動。淇武蘭聚落能夠維持較多的人口與戶數規模，很大的原因便是來自於此。至於蘭陽平原上的中、小型聚落也因淇武蘭的存在而擁有獲得外來物資的便利管道，島外各地來的貿易商人亦能進行更有效的集中貿易，等於是在這個機制下，各方得以同時蒙利，這自然也更加穩固了淇武蘭存在的地位。

到了19世紀以後，漢人大舉移入蘭陽平原，開始擁有與內陸各地村落人群直接接觸與貿易的機會與管道，淇武蘭在貿易活動中扮演的角色不再，昔日地位被取代，因此這個風華一時的聚落，規模變小，人口遽減，物資減少，不復再有往日大聚落的榮景，其現象也是可以理解的。

（二）展望

可以想見在追逐貿易的時代，蘭陽平原於貿易對象、方式與內容皆可能存在著各種形式，而其中一個前提還在於噶瑪蘭必定擁有可足以被大量交換、買賣的對等物品？較可惜的是目前對於這類輸出品的內容不甚清楚，參考環臺灣週邊地區的考古出土，極少發現有來自臺灣製造或出口的物品，這或許是因為當時是以非器物類的物資為主，以致難以留下物質證據。在一些文獻與研究中都提及平原所盛產的稻米可能是最大宗輸出品，且淇武蘭遺址亦有相當的稻米遺留出土，只是目前這些都只是推想，缺乏直接的論證。

另一個問題是對應於新的貿易模式所產生的必要新手段。傳統的以物易物方法是否足以擔當這項量大又複雜的工作？既要維持與各地村落的噶瑪蘭人交易，同時又要和平原外各地來的商人交易？物資如何得以集中化與商品化？過程尚要考量是否可以獲得足夠的利差，以滿足與提升聚落本身的生活。

一般所知，「以物易物」乃是臺灣原住民的基本貿易方式，噶瑪蘭亦同，即如果依循這個傳統，淇武蘭和平原上其他村落的主要貿易方式應仍屬「以物易物」。至於對外貿易，17世紀時的臺灣週邊如中國、韓國、日本、琉球與東南亞等地多已施行貨幣使用，淇武蘭人如果要更有效的（包括獲取利益）對應各種不同的貿易行為，便極可能在與這些島外商人的接觸中，導入了某種形式的市場貨幣的概念與使用，以應付日益複雜的貿易網絡。

要如何證明有貨幣的使用行為，最有力的證據便是直接提出當時社會中有貨幣的存在。這對於擅長以物質為研究對象的考古學而言，將是一個可以嘗試的挑戰。

首先，可注意的是存在於當時社會中的古代錢幣。關於此，文獻資料亦曾指出蘭陽平原的原住民懂得錢幣，並且樂意他人用錢來

購買商品（江樹生譯註 2002）。

　　至於在考古資料方面，根據遺址兩次發掘的出土統計，各種銅錢共有 538 件，鑄造地包括中國、日本、韓國與越南等，錢幣的鑄造年代集中在 17～19 世紀，內容種類都是當時可以流通於東亞各地的貨幣。另據各種銅錢的占有比率分析，研究者認為淇武蘭的銅錢和東南亞地區（以峇里島遺址為例）意義相同，即重點在於「圓形方孔」的形狀，而非錢幣面文所示的價值或意義（坂井隆 2014）。

　　若干看法亦主張某些臺灣遺址所出土的銅錢並非是貨幣，而是一種裝飾品。一個參考例證來自淡水河口的十三行遺址，在這裡發現了 99 件的銅錢，然因全部的器表都有一個小的開孔，所以被推測是一種以線繩穿串起來的裝飾品（臧振華、劉益昌 2001）。

　　淇武蘭所發現的銅錢中僅有 5 件於器表有穿孔，但特別的是其中有 237 件皆出土於編號 M20 之單一墓葬內（圖 10-8）。此墓葬的其他陪葬品亦相當精緻與豐富，可以瞭解這些銅錢在淇武蘭亦屬一種被重視的物品。民族學研究者亦認為銅錢常常和有著權力或階級意

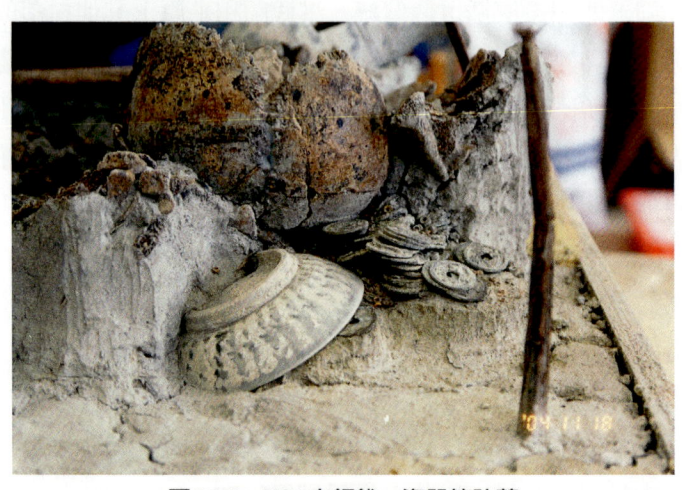

圖 10-8　M20 有銅錢、瓷器等陪葬

義的東西一起出現，所以是種含有權威的象徵物（吳佰祿 2011）。甚至更直接提到，在噶瑪蘭的木雕中常發現一種圓形方孔的圖樣，應該就是銅錢的表現，因為這種圖樣也和具有祖先意義的高冠人像一起出現，所以銅錢本身也可能有著相當程度的象徵意義（李子寧 2009）。

　　試觀察 M20 的脈絡資料，被埋葬者屬成年個體，墓的外觀並不特殊，惟其中的陪葬品非常多，除了銅錢外，尚有瓷器、金屬環、玻璃珠、瑪瑙珠、木梳，及表面刻劃著似高冠人像幾何圖樣的骨製裝飾品等，顯然這個墓的主人是個具有特別身分的人。而在淇武蘭遺址全部共 131 座墓葬中，帶有銅錢陪葬品的墓葬也僅有 M20 一座，更加加深 M20 之主人身分的特殊性，同時也可佐證銅錢是帶有威信意義的象徵物。然而這些錢幣是否具備貨幣的功能？或實際上曾被當成貨幣使用？從初步的考古研究推論仍偏向否定的看法。所謂貨幣，乃是一種交易媒介，藉其以減少交易過程中所耗費的時間、成本或資源（謝德宗 1992），從其概念便是一種有價值共識的有效媒介。然淇武蘭所見的銅錢過度集中出現，沒有呈現貨幣應有的流通性，且 M20 是握有控制與分配資源權力的特殊階級，如頭人、貴族等，因此才導致銅錢集中出現於該墓內。至於其他墓葬完全未見銅錢，顯見銅錢在此的特殊性意義明顯高過流通性，不見其作為媒介上的表現。

　　我認為作為地區性的早期貨幣應滿足以下幾項要件（陳有貝 2014b）：

1. 屬流通性的物品。
2. 材料是有價值的。
3. 具有一定的外形。
4. 具有可加工的技術。

以上述標準衡量淇武蘭出土的各種考古器物，其中最能符合各要件者應該就是人為加工製造的「瑪瑙珠」（圖 10-9）[53]。此類器物廣泛見於蘭陽平原及週邊同時期的遺址中，顯示它具有基本的流通性；材料本身是擁有珍貴價值的瑪瑙；外形多呈中間帶穿的管珠狀[54]；在加工技術方面，類似的玉石切割技術遠從臺灣新石器時代便已出現。且在若干歷史文獻與研究中也提到了瑪瑙或玻璃珠在原住民社會中的價值，甚至有被當成貨幣使用的記錄（王淑津、劉益昌 2007）。瑪瑙珠在淇武蘭遺址的下文化層僅

圖 10-9　可能有貨幣功能的瑪瑙珠

出土 40 件，地下埋藏同樣豐富的宜蘭農校遺址亦只有 30 件出土，但淇武蘭上文化層卻一舉出土 743 件（參見圖 1-25）[55]，這也和淇武蘭呈現的富裕印象強烈呼應。

　　以上本章意旨在強調淇武蘭村落作為一個區域貿易中心的可能性，並進一步提示應有某類簡易貨幣制度的存在，或許是一種貨幣使用初期或是轉換期的狀態，並限於某些區域、某些特定商業活動的情形，而不是一個成熟或全面性的貨幣使用社會。特別因在當時，蘭陽平原固有的社會秩序因面對外來衝擊而處於轉變階段，如何取

---

[53] 不完全排除在某些特定背景、情境下應也有以銅錢當貨幣使用。但就一般而言，原本漢人使用的錢幣在蘭陽平原反而沒有太大的貨幣功能，原本裝飾用的瑪瑙珠卻較具貨幣的功能。
[54] 考古發掘報告針對出土的瑪瑙珠已進行各種形態分類，外形或大小是否有不同貨幣價值上的意義？值得持續關心與研究。
[55] 第一次發掘，含擾亂層與舊河道等處的出土。

捨與交換各種有形無形的內、外要素於不同的族群、村落之間，實際狀態必是有其複雜度，未來仍有相當大的探討與檢驗空間。

註：本文修改自〈淇武蘭遺址出土的外來物意義研究〉（陳有貝 2016b）。研究目標是希望對淇武蘭出現大量外來物的現象提出解釋，並說明淇武蘭聚落在貿易方面的特殊性質。

有關北臺灣近代原住民的商業行為問題，臺灣近代史學者已有若干探討。例如翁佳音（1999）根據口傳、文獻等資料指出，主要位於北海岸的馬賽人因具有懂得計算、富語言能力，善於操舟航行，漸有貨幣交易、壟斷交易，形成地域分業等現象，推測該族群乃以商業貿易與工藝技術為主要生計方式，並以此形成北臺，及淡水—雞籠—噶瑪蘭—花蓮的貿易圈與交通圈。這個說法得到不少研究者的引用（康培德 2003；詹素娟 1998；劉益昌、詹素娟 1999），並似乎形成馬賽人即等於擅於從事仲介、貿易，及有著工匠技術之特殊族群群體的印象。

對於本文而言，上述說法一方面強化了當時北臺灣原住民貿易的重要存在事實，但也引發如：與蘭陽平原進行物資貿易之外來對象究竟是否即為馬賽人？或蘭陽平原的貿易模式和以馬賽人為主的北臺灣貿易型態的相關性等問題。此外，一個廣布於北臺灣海岸的族群是否可能皆靠著貿易、工藝即可維生？甚至缺少自行的農業栽培等生業行為？是否一個地域或族群中擁有多樣、不同的生業方式才較符合一般民族誌資料的認識。而且亦有研究認為馬賽人「頂多是在東北季風盛行、舟船無法往來東北部貿易的冬季，因已耗盡賺來的米糧，為糊口而離村遊走各地、打工的工匠、雜工；這是因為臺北盆地內部的交易網絡，係由住民自行經營，毋需馬賽人代勞」（康培德 2003：23）。

若循此,則蘭陽平原的對外貿易應不至於皆以馬賽人為中介或壟斷。而淇武蘭在蘭陽平原的貿易角色似乎也不是一種階級、權力者、壟斷者,而是因應時代與環境所興起的村落「自然」經濟現象。

另外,有關近代蘭陽平原噶瑪蘭社會的貿易問題,亦有歷史學者從文獻研究的角度提及,如陳宗仁(2010)認為以水域社會為網絡架構,當時蘭陽平原存在內與外的兩種貿易型態,若干沿海村社則為貿易的中介者。他並具體舉出各種交易貨物,其中尤以蘭陽平原盛產的稻米最為關鍵。在這些見解中不少與本文從考古資料分析所得類同,相當值得參考。較為不同點之一為:所謂貿易中介者究竟是沿海村社,還是位居平原區域中心的大型聚落?本文據考古資料得到傾向後者的答案。而所謂中介者,究竟是聚落的所在地,還是指該聚落的村民?這個問題在於:前者是各地域的人到該聚落進行對外貿易,聚落只是一個提供市集的場所;後者是該聚落的村民即為中介的商人。這是兩個不同的層次,如果是前者,那似乎仍有可能使用以物易物的形式;後者,因村民要面對各種不同來源與形式的貿易,故某種程度的貨幣概念便難以避免。本文看法亦傾向後者。

第十一章
臺灣史前族群的形成

一、前言與說明

　　原住民的古代史研究是臺灣考古學極主要的工作。因為臺灣史前遺址與文化是今日原住民的祖先遺留，只是當時缺乏文獻的記錄，故這個歷史過程只能仰賴考古學的研究。

　　關於臺灣原住民，族群與文化的複雜多樣無疑是一大特點，為史前以來臺灣相當特有的現象。若就近代以來所認知，當時臺灣至少還曾存在著 20 個以上不同的原住民族群分布，他們究竟是從何處而來？又經過怎麼樣的過程？又各族群之間的關係為何？是否有著親緣遠近上的關係？這些問題的解答都只能根據考古研究。相同道理，也正是因為臺灣有著如此充實、多樣性的族群資料，所以極有助於考古學研究與理論的建立，難怪研究者大力宣稱「臺灣是一處絕佳的考古學實驗室」（李光周 1985）。

　　本章將以臺灣原住民族群的形成為題，舉考古資料為證，探討其原因與過程。主要論述資料包含新石器時代的東部，以及鐵器時代的蘭陽平原。從前者可以看到早期以來人群行為表現的一致性；後者可以瞭解因近代的外來刺激與壓力，觸發了自我族群的認知意識，此過程可視為臺灣近代原住民族群形成的一種模式。

二、史前臺灣及近代原住民族

（一）臺灣史前族群問題

　　考古研究者歸納分析了種種形態的考古資料，將臺灣分成幾個不同的文化地理區，最後再分別設定了不同時期的考古學文化。這種研究方式大致從 1980 年代前後，便成為一般構築臺灣史前史的主流方法。研究者們努力地填補各個時空內的考古學文化，而讀者也可以非常有效率地掌握各地區的考古特色。然而，問題是「考古學文化」所代表的實質含意是什麼？卻是一個很不容易回答的問題（甚至連各研究者間的答案根本也不同）。

　　如果我們研究的主題對象是舊石器時代、新石器時代，或許對於「考古學文化」的定義可以暫緩過度質疑，僅維持一個較模糊的看法作為共識（例如視為人群的某些共同性）。但是如果課題是臺灣的鐵器時代，那麼就絕對無法逃避與「族群」相關的討論，因為臺灣鐵器時代緊接著近代原住民族群的歷史，兩者密切相關。所以換個角度思考，與其還停滯於窮究臺灣鐵器時代的「考古學文化」？不如直接舉出以遺址的村落、人群為討論對象，這絕對是未來必要嚴肅面對的核心問題。

　　或是退一步考慮，現在一般將臺灣鐵器時代劃分有北部地區的十三行文化、中部地區的番仔園文化、南部地區的蔦松文化，以及東部地區的阿美文化（靜浦文化）等。如果我們可以對「考古學文化」的概念做適度的定義與調整，不落入一個考古學文化等於一個族群的簡單公式中，那麼亦能在現有基礎上探究族群問題。

　　實際觀察臺灣鐵器時期的各地遺址，不難歸納出一些共同的特徵，這有些是因時代所造成的必然結果，和各個文化所特有的形態、內容沒有直接關係。例如，因為鐵質器物的增加，故減少了對石器

的依賴與使用，此乃新時代與新技術所帶來的普遍結果；或是因為東亞局勢（海上貿易盛行）的發展，而有對外的頻繁接觸，導致外來物品的當然增加等。

　　相對於上述共通性，鐵器時代的個別遺址與文化亦是各自擁有特色。如以陶器為例，十三行文化是以表面有幾何紋樣的紅褐色陶器為特徵；番子園文化是以表面有幾何紋樣的灰黑色系陶器為特色；蔦松文化則以沒有紋樣的紅褐色陶器及黑色小陶罐而聞名。除此之外，各地區的墓葬人骨也各有模式，如十三行文化多見側身屈肢葬；番子園文化以俯身葬為著名；蔦松文化以仰身直肢葬為主流。對於這些特徵可以理解成各文化的自我特色，而非上述的普同因素。而且整體看來，臺灣在進入鐵器時代之後，各地域的文化獨自要素變得更為清晰，有些或許已呈現出近似於今日族群的樣態。

　　以上的「近似今日族群」現象是如何形成？研究說法不多，大致可舉有二：一是傾向主張臺灣鐵器時代的住民基本上是新石器時代住民的後裔，他們於新石器時代初期從中國大陸東南沿海地區陸續移居至臺灣後，經過較長時間深入適應了臺灣的各種自然環境。在這個過程中，因為臺灣的自然地形非常複雜且多樣，不同地域環境間的往來困難，長期下來，各地域居民的差異加深，便形成了有著獨自特色的各自人群社會（張光直 1977：433-436）。對於此種說法可暫稱為一元論。

　　從巨觀的角度看來，上述一元論的存在是無法否定的，畢竟環境和包含人在內的生態的形成有很大的關係。只是僅就人類族群而言，自然環境的影響是一種客觀的外在力量，而僅以客觀的環境力是否足以影響至人類族群的形成？是值得再加以慎重檢討（陳有貝 2014a）。相對而言，現在學界多主張人類的主觀思考、意識及其下的行動才是族群形成的最大因素，這也是人類文化與一般生物現象

最大不同之處。

另一個關於臺灣鐵器時代族群形成的不同看法，暫可稱為二元論。據此說，鐵器時代和新石器時代的住民是屬不同的族群來源，前者大概是在距今約 2,000 年前由中國東南沿海地區攜帶鐵器進入臺灣，從而形成臺灣的鐵器時代文化（黃士強 1985）。過去筆者亦曾延伸此一看法，主張這些人群原本為受到早期大陸中原文化所影響的南島語族，而來到臺灣之後，反和大陸文化形成隔離，故仍保持著較早的形態，即所稱之「受早期中原文化影響的南島語族」（圖 11-1）（陳有貝 2000）。

圖 11-1　受早期漢文化影響的南島語族

無論是一元論或二元論，在證據上都有很多待補足之處，距離解答仍有一段路程。例如前者主要強調客觀環境因素，似乎忽視了人類文化的主觀選擇；後者將臺灣族群現象過度簡化，試圖僅以歷史因素解釋之。

或許實際上的情形都不是如此單純，而是存在著多樣性的原因。所以，現在的第一步仍該是以各族群自身的特有過程為目標，不宜盲目地純粹化、模式化所有臺灣原住民族群的形成過程。

（二）臺灣的近代原住民

針對臺灣的古代住民，大約自 17 世紀開始始有較具體的文獻史

料可供參考。然而這類的記載幾乎都是從外來者的觀點描述，除了刻意著重於原住民的特異風俗外，也相當程度持有民族的偏見，並不是純然客觀的記錄。

　　學史上，較早提出臺灣原住民族群的學術分類者如 19 世紀末來臺的伊能嘉矩，他透過長年的實地田野調查成果，統合各族群之特徵要素進行分類，這個成果也成為日後臺灣原住民研究的分類基礎。

　　各種文化要素之中，語言都是族群分類的一個重要基礎，臺灣原住民的一個共同特點便是語言上具基本類同，儘管實質上不少族群之間已經無法進行有效的語言溝通，但在語言學上卻全部都被歸類為南島語族。這個現象的意義在於指涉臺灣所有原住民之間應存在著某種程度的親緣關係，甚至也意味著有可能是起源於同一地域（李壬癸 1997b）。

　　語言之外，文化上的異同向來也是原住民間可見的差別。過去一般有把原住民分為高山族與平埔族，高山族約有 10 個族群，不少居住於山地地區（當然不是全部）；平埔族亦約有 10 族，大部分居住於沿海平原地區。如眾所知，兩群的最大差別是受到漢文化的影響程度，居於沿海地帶的平埔族在生活習俗上受到漢民族較多的影響；高山族則相反。這種區分基本上不是一種學術性的分類，不過卻能反映出某種顯而易見的事實狀態。而且相較於語言學資料而言，由於物質文化的概念較容易被考古學者掌握，所以上述分類在考古研究上仍具有其意義。

　　在不同的時代階段，臺灣的族群狀態一直持續在改變中，時至今日，我們依然可看到這個過[56]，並瞭解這是一種文化現象，可以透過社會科學的研究找到答案。

---

[56] 例如因為當代的政治、經濟因素，也會改變原住民的族群所屬。

（三）臺灣史前時代與原住民的關係

從臺灣考古學萌芽之初，研究者們便視原住民問題和臺灣考古學緊密相關，這仍是今日臺灣考古學的特點所在。在眾多問題之中，近年相當熱門的題目之一便是原住民們來自何處？

臺灣原住民所屬的南島語族是現在分布在太平洋各個島嶼的主要族群，因為他們在語言上的相似性，因此極可能來自同一地域。不少研究者皆推測臺灣島即為該語族的古代原鄉（Bellwood 1984；Bellwood & Dizon 2005）。進一步，張光直（1987）結合考古資料，提出更早的源流或可追溯至東亞大陸的東南沿海一帶。這種看法的基礎在於臺灣與大陸東南沿海在考古資料上的類似性。

如果依循上述論點，今日大陸東南沿海地區應該尚留有一些仍使用南島語話的人群，但這卻和現況不符，於是只能推想可能在歷史時期以後，因為中國漢民族的強烈影響，以致東南沿海的居民放棄了原有的南島語族語言。現在當地沒有人群使用南島語，並不代表過去就不曾存在。這還可舉一個簡單有力的例子當參考，「食用檳榔」被視為南島語族的重要文化特徵，現代中國大陸已不存在這種風俗（不包括近年從臺灣傳入），然過去的中國歷史文獻卻清楚記載南方人食用檳榔的行為與文化。顯然在漢人的影響下，原有習俗的消逝殆盡是可能的。

正因為現在大陸東南沒有使用南島語的族群，這使得要從語言資料來探究南島語族的起源變得有些困難。相對上，它明白給了考古學一個研究上的契機，近年以考古資料為基礎，研究者們也提出了南島語族起源與擴散的種種見解（邱斯嘉 2009；臧振華 2012）。

第二個受到關注的議題便是臺灣史前時期的考古文化和近代原住民的關係，這是在同屬南島語族的前提與架構下，尋求將考古成果化為各個原住民族群的古代史。

臺灣島的面積僅約 3.6 萬平方公里，從史前時代以來直到有文獻記錄之初，島上幾乎全為南島語族居民，原住民無疑是他們的後世子孫。在 1990 年代，如連照美（1998）便提及了史前文化與原住民的對應關係，主張臺灣新石器時代住民近於高山族，鐵器時代的住民近似於平埔族。此一見解饒富啟發，但可能存在以下兩種不同的原因解釋：

1. 相對而言，因為生業方式與社會構造皆較為簡單，所以新石器時代與高山族文化呈現出較類似的樣貌；因為鐵器時代與平埔族的文化皆較顯複雜，所以才呈現出若干共同性。事實上，兩者（新石器時代與高山族；鐵器時代與平埔族）根本不一定真的存在親緣關係。

2. 新石器時代的居民歷經長時間的生存活動後，形成近代的高山族。鐵器時代的居民後來直接演化為平埔族。即兩者有著各自的親緣系統。

在上述說法之後，劉益昌（1995a）主要根據地域上的分布狀態，將若干史前文化直接對應於原住民族群。這個說法的理論層次較簡單，頗容易被理解，不過在學界引起不少強烈的批評。例如有看法認為族群在歷史的發展過程中乃相當容易變動，現在的族群狀態當然和過去（史前）的狀態是不同（李匡悌 2001）。此外，考古學文化的意義是否和原住民族群對等也是值得懷疑的。

或許可以將劉氏的作法僅限定適用於史前的最晚期階段，因為此時期的時空背景和近代原住民較接近，所以在連結考古文化與族群上有較大的成功率。但對於使用史前長時期的考古資料來對應現存原住民顯然尚有太多資料缺環。

簡要而言，其癥結點在於：從族群研究角度，近代原住民族群狀態不等於古代族群狀態，我們如何去擬定一個古代的族群？而從

考古研究角度，目前所使用的「考古學文化」的族群意義不明，應用於原住民的對應關係將非常複雜。

對於解決之道，基本上因為史前人群至今日族群乃是具有延續性，所以問題並非完全無解，例如若是能「發掘」到關鍵性的證據，這勢必要較「考古學文化」的解釋更為直接有說服力。其次，與其描述古代族群輪廓，不如追求理解其形成過程，因為前者常常只是一種想像；後者才真正有助於我們對古代臺灣人群的認識。

三、一個新石器時代的研究例證

筆者曾舉一個研究為例，說明史前遺址和族群的關係。這個研究的關鍵性資料是發現於臺灣東部地區的石杵。這種石杵的柄部和錘擊部是石製（常以千枚岩琢打製成），而連接柄部和錘擊部之間則是木管或竹管，然後再用藤製的繩索綑綁於兩端製成，故也可稱之為接合式石杵（陳有貝 2013a）。

有關接合式石杵的資料可以見諸於民族學的領域。例如国分直一（1981：435-436）於 1948 年就曾提到在臺北帝大土俗人種學教室裡看過這類石杵，並做了器物的描述。其後，臺灣的研究者也有一些田野記錄與研究（圖 11-2）（阮昌銳 1969：268；陳奇祿、唐美君 1958：84）。事實上還有一個很重要的資料，便是約在 1810 年完成的《漂流臺灣チョプラン嶋之記：享和三年癸亥》中也見有這種石杵的圖畫（圖 11-3）。毫無疑問，這是當年漂流到阿美族村落的日本人文助確實親眼所看到的石杵（秦貞廉 1940）。再加上從晚近民族誌的資料看來（圖 11-4），這種石杵無疑是近代阿美族人生活中所擁有並且使用的器物。

另一方面，在臺灣東部新石器時代以來的遺址中也常發現到同

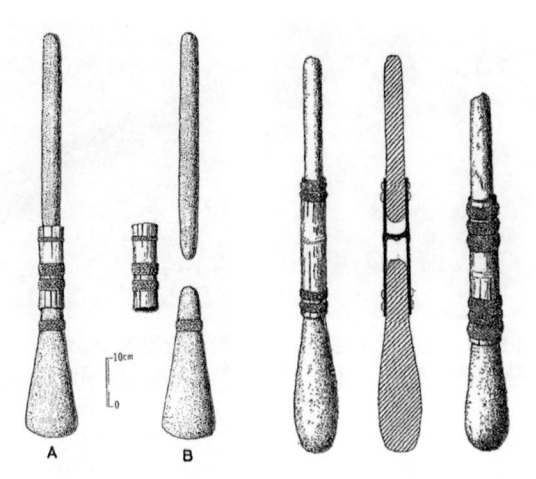

圖 11-2　石杵（A、B：国分直一 1981；右：陳奇祿、唐美君 1958）

類石杵（圖 11-5）。筆者曾經廣泛收集史前時代遺址所發現的石杵資料，以確認這種石杵的分布地域及時間。非常值得注意的是它的地理分布範圍僅限於臺灣東部地區（臺灣其他地區或海外皆無類似者），而且這個範圍和近代所知的阿美族分布地域幾乎一致（圖 11-6）。至於在時間上，則早從新石器時代經鐵器時代，直到上述的晚近時期都有發現。

上述資料明確地提醒從史前時代以來，接合式石杵便是臺灣東部地區居民特有的器物，而且直接連結到當地的近代阿美族（陳有貝 2013a）。而接下來的重點便是要說明、解釋這個現象的背後意義，因為接合式石杵乃

圖 11-3　《漂流台灣チョプラン嶋之記》的臼與石杵

圖 11-4　左：阿美族的石杵製作（阮昌銳 1969）；
右：民族學標本石杵（引自「國立臺灣大學人類學博物館」）

是一種非常少見且特化的器物，本身必然具有相當獨特的意涵。

　　杵，乃是世界各地農業社會相當常見的用具，無論是用來搗剝穀類作物（如稻米、小米）的穀殼以取出可食的穀粒，或是將各種食物搗打成黏稠狀，以製成各種食用品（如麻糬、糕餅），杵的存在必要且廣泛。不過，世界各地所見的杵幾乎都是木製，因為通常只要有效地利用木杵，便能達致使用者的目的。相對而言，石製的杵無論在製造或使用都需要大量的勞力，就經濟上的效率無疑是絕對不利。因此臺灣竟有石杵的使用可說是相當獨特、少見的現象。

成書於 20 世紀初的《臺風雜記》就有如下的記載：「臺人舂谷，用石臼，石杵……石臼余常見之，至石杵則未嘗見聞之。」（佐倉孫三 1996），現已不知當時所見，但在在顯示外人對石質製杵的驚訝與不解。

圖 11-5　東部考古常見的石杵

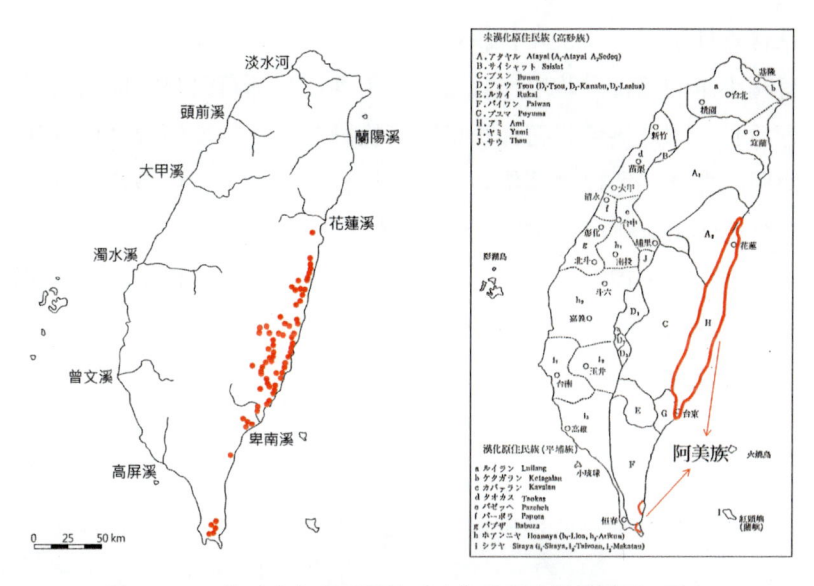

圖 11-6　石杵（左）與阿美族（右）的分布地域幾乎一致

　　為何會有如此反應，主要原因還是在於我們常從經濟效率面考量各種人類行為，若從這個觀點，石杵當然就是一個怪異的產物，因為無論是製造或者使用，石質的杵所需的代價必是超過木杵甚多。

　　但人類學的研究卻告訴我們，所謂的「經濟效率」並不是人類行為的唯一考量，尤其當行為者不是單一個體，而是眾人的共同作為時，更需要從社會的文化行為觀點來理解之。意即如果石杵的意義是在於精神性、傳統文化行為（如象徵、儀式），那麼便不能用客觀、理性的思考角度來尋求解釋。如此一來，便是要接著探究到底石杵對於當地文化有何意義？以致當地居民非要投入莫大的勞力成本來製造與使用。

　　我認為這個解答便是原住民的「小米農業」（圖11-7）。小米在今天一直都是原住民非常看重的食糧，伴隨著小米作物的栽種可

見有各種祭儀。而且在各族之中，尤以阿美族最為突出，舉凡各種有關小米的播種、栽培、收穫、食用等行為都有對應的儀式與祭祀等活動。因為接合式石杵正是阿美族社會進行這種傳統文化行為所使用的器物，所以也連帶著具有神聖性的意味，這也是為什麼阿美族堅持使用這種石製杵的原因（陳有貝 2013a）。

　　進一步，現在知道接合性石杵是遠自新石器時代便存在，所以亦可以推理這種特有行為也是從史前時代一直延續到今。

　　上述現象顯然是一個極有意義的線索，第一是它說明了東部地區的居民從史前時代以來即有著某種共同性行為，而且只發生在限定的地域範圍內，明顯和範圍外地域的人群有分別。第二是這種共同行為還是一種屬於精神儀式性的活動，是人群主觀的選擇作為，而不只是單純生業性或經濟性的活動。這似乎暗示著遠從新石器時代開始，東部地區的人群已有了某種意識上的共同點，我們雖不能以此立刻斷稱當時已存在（現代定義之）阿美族族群，但至少已是和其他區域的人群可以作主觀區別，且和後來的阿美族族群有直接關係的人群。

　　可印證史前東部地區人群主觀共同性的證據不只是接合式石杵，東部常見的各種巨石遺構也具有類似狀態。同樣地，巨石僅分布於特定有限區

圖 11-7　小米是原住民重要農業（引自「國立臺灣大學人類學博物館」）

域（臺灣東部），而且遺構本身具象徵性意義，證明這種現象確實存在於東部[57]。

　　上述的「關鍵性證據」果然導引出有關史前族群狀態的訊息。試想，如果這裡我們根據的是一般臺灣考古學的研究法，認為新石器時代以來的東部地區存有多個不同的考古學文化，這樣在解釋上一定會產生和上述完全對立、矛盾的觀點。

　　至於為何會形成「東部地區人群意識上的共同點」？其後是否有再分化，或再強化結合等？對於這些問題，除了資料面的分析外，從理論面上獲得一些參考也是必要的。例如若以恩格斯的說法，古代社會裡之血緣、地緣等都是形成族群的根本因素，從本例看來，東部的地緣（自然地理環境）因素相對鮮明，對於當時族群形成所帶來的影響頗值得看重。

四、一個鐵器時代的研究例證

　　另一個例子是來自蘭陽平原鐵器時代淇武蘭遺址的研究，這個遺址出土的內容豐富多樣，而且幾乎可以確定就是噶瑪蘭平埔族的祖先遺留。故據此可以將噶瑪蘭的族群歷史做一長時限的分析，探討不同時期之人群狀態，進而認識族群形成的過程與原因。

（一）資料

　　關於淇武蘭的各種考古資料可以參考本書其他章節所述，以下僅因應本主題所需，列出相關資料與研究參考：
1. 早期和晚期的家屋柱洞、灰坑的分布狀態及範圍大致相同，也就

---

[57] 較為不同的是巨石的出現年代僅限於新石器時代，不似石杵一直延續被使用至近代。究其原因可能和農業行為的改變有關（詳見：陳有貝 2016c）。

是早期與晚期之間雖曾有洪水氾濫的影響，但基本上這是一個長期居住的村子。
2. 早期有較多樣的人骨埋葬姿勢，但基本的主流仍是和晚期人骨埋葬姿勢相同，即所謂的蹲坐姿（蹲踞葬）。
3. 生活中的各種器物大致可以分為本土與外來等兩類，如陶瓷、金屬、古錢及大部分的裝飾品都是屬於外來。統計外來品的種類與數量，則早期很少，晚期非常多。
4. 在本土類的遺物中，陶器可說是最具代表性的器物。早期的陶器種類較多；晚期的陶器種類極少，有極高比例以上都是同一種類。

綜合以上幾點，作如下敘述：

淇武蘭是一處人群長期延續居住的聚落，但在早、晚期之間聚落內部卻出現了很大的變化。早期的生活器物多屬本地居民自製，並擁有較多樣的墓葬形式（精神儀式行為）；晚期有較豐富多樣與多量的外來物，而本土類的器物與墓葬不再歧異多樣，反而呈現相當的一致性。

上述中的一個重要線索是「外來文化影響的強度」和「本土文化的趨向同一性」似具有相關性。如果這是一種因果關係，而且本土文化的趨向同一性乃是族群現象主、客觀存在的展現，那麼外來文化的影響強度就很可能是噶瑪蘭族群形成的原因了。下文再以陶器和墓葬資料作進一步的申述。

（二）噶瑪蘭族群的形成論證

1. 陶容器

陶容器是處理食物裝載、調理與儲存的最主要器物，可視為反映人群特有生活文化形態的最佳產物。臺灣史前時代的陶器都是露

天燒製，沒有發展出窯燒技術，因此一般燒成的溫度不高，陶器的硬度低，而且因為不使用輪製拉坯，使得陶容器難以呈現規整的形態，僅有使用夾砂摻雜，無使用釉藥，表面多粗糙。

另一方面，由海外輸入的陶瓷容器的材質堅硬，形態規整，表面又有美麗的釉藥，明顯和本地陶容器形成強烈的對比。

在淇武蘭遺址的早期，陶容器似乎只是作為生活中的實用物，未存有特殊的深層含意。惟在晚期，陶器數量大增，且器種集中於一類。對於此現象，根據考古人員復原出的1,000多個原來器形（部分參見《淇武蘭遺址出土陶罐圖錄》〔陳有貝等2005〕），竟發現大部分的數值（如長、寬、大小、厚或整體外形）呈現極高度的一致性，甚且容器表面幾乎都有各種幾何紋飾，很少出現例外的情形。要如何看待這種器物規格的一致化現象？我認為可從兩個角度，一個是考慮器物本身的客觀功能，另一個是村民的主觀意識。

先就器物本身的特質考慮，淇武蘭晚期正是接受大量外來陶瓷器的時期，粗略復原當時生活中的本地陶器與外來陶器的比例大約是1：1（陳有貝2016b）。也就是這兩種容器是在當時生活中同時並存，可以想像當時居民很難不對它們做各種性質的比較與評價。

外來陶瓷的胎質細緻，器身硬度佳，器壁薄，外形規整，表面又有光滑的釉藥或美麗的紋樣，且使用上具保水性。本地陶器的胎質較粗糙，器身硬度低，外形不規整，器身易滲水，無法長期裝載液體。客觀比較之下，外來陶瓷占有優勢，功能性上也絕對具有取代傳統陶器的潛力。當時的淇武蘭人對這種明顯的差別不可能毫無感受，前面章節提到淇武蘭晚期陶器具有器壁薄、器表多紋飾的傾向，我想這也是欲模仿外來陶瓷之優點而來。總之，本土陶器在此時已喪失了客觀優勢，不再有多樣的發展。

相對地，會產生積極性的規格化或一致化的關鍵便是源自主觀

意識的作用,對此可以從陶器上的「紋飾」說起。

　　所謂「幾何印紋」並不是專指一種特定的圖樣,而是各種具有「幾何風格」的圖樣。這種風格的圖樣曾經在臺灣中、北部有廣泛的流行,尤其在蘭陽平原顯然受到極大的重視(本地區遺址的幾何印紋比例一向最高)。淇武蘭早期即可見到的幾何圖樣到了晚期之後更是受到強調,幾乎所有的陶罐皆然,從罐口到罐底被區分成幾個橫帶狀,仔細地拍印上紋飾。這是一個繁複的技術過程,但對於製陶而言,這絕對不是一個必要的程序。

　　會有上述現象的一種情形是陶器的製造過程已經達到專業化程度,即是由同樣(或一群)的專門化陶業職工依據已經固定的程序所製造,所以包括陶器的外形或紋飾都呈現高度的一致性。然而這個推測的可能性不高,主要的證據同樣在於陶容器表面的紋樣。根據工序的復原,這種紋樣的施作是在陶容器捏塑成形之後,使用雕刻有幾何紋樣的木板在尚未完全乾硬的容器陶土表面連續拍打,然後才將陶器燒製成形。假設這種陶器的製作是專業陶工所為,那麼應該會使用某些固定的紋樣拍板,所以我們應該會發現一些具有相同紋樣的陶容器才對。但當實際上仔細檢視這些幾何紋樣後,卻很難找到有完全相同紋樣(同模紋樣)的陶容器,尚且其中有些紋樣亦非使用拍板拍打製成,而是利用其他用具(如草蓆)上的紋樣壓印而成。所以,這些陶器並不是由固定的專業職人所做,而是村落中的居民各自所為。

　　那麼,不同的居民為什麼要製造一致化(包括外形與紋飾)的陶器?依常理,不同個人所製造的陶器當然會因技術、美感、應用目的等考量而有不同的產品表現。再從實用的角度而言,淇武蘭陶器的器壁常常僅有 1.5～3 mm,甚至不少僅有 1 mm,厚度如此薄弱,

使用上必是非常容易破損,又在製作過程還須要格外費心費力,這在經濟上的效率是非常不佳的。同樣地,紋飾本來只是趨附於風格流行,並不是客觀必要,而這裡的紋飾卻似被嚴格的要求與限定。

顯然對於當時的陶器現象並不能單從經濟效率面考量,也難以完全從客觀的角度理解。反之,其中多是基於主觀意識的行為結果,也可說是村民在某種共同意識下所欲表現的產物。而這個有形或無形的共同意識與規範都和外來陶瓷文化的衝擊直接有關[58]。如前所言,這一方面是對外來物的模仿,另方面則是自我內部意識的集結與對外的抗拒。

2. 墓葬

埋葬行為和人類的精神、價值觀有直接的關聯,所以考古的墓葬資料常被視為是連結族群研究的重要依據。

據 19 世紀清政府對蘭陽平原的文獻記錄《噶瑪蘭廳志》所載,噶瑪蘭人死後,乃用麻繩將死者綑綁成蹲坐的姿勢,再埋入地下(陳淑均 1963)。另從民族田野的調查中也確認此為噶瑪蘭原住民傳統的埋葬方式,其他民族少有完全相同的例子。

淇武蘭遺址出土了 131 座墓葬,數量上有相當代表性。一般看來,早期的墓葬有幾種不同形式,其中也包括了蹲踞葬。到了晚期,蹲踞葬成為主流形式,而且還藉著綑綁死者,希望達到埋葬姿勢的標準化。假設埋葬行為是人類宇宙觀、生死觀與信仰等精神層面的反映,那麼大致便可認為淇武蘭晚期人群已是具有一致共通之主觀精神意識了。

如前所言,造成上述現象的原因是來自外界的衝擊與壓力。關於這點,尚可從墓葬中的陪葬品資料找到證據。

---

[58] 除了陶器資料之外,從其他考古或文獻資料應該也能導引出類似現象與結論。

所謂陪葬品,本質是社會中的生者贈予死者的「禮物」,而「禮物」的性質基本上是和當時社會中的價值觀與思想意識相關。在淇武蘭的131座墓葬中,出土有陪葬品者共99座,個別包含著不同的陪葬品種類與數量。首先,從整體可看到若干共通的特色。

試檢視與計算99座帶有陪葬品的墓葬(陳有貝等2007:2冊,32-40),含有toonos(傳統陶罐)的墓葬共有24座,含有外來陶瓷器作為陪葬的墓葬共有27座,但很重要的是同時含有toonos和外來陶瓷的墓葬卻僅有5座。這個現象是說這兩種類的陪葬品具有一定的排他、互斥性,也就是兩類器物所象徵、代表的意義可能是類同的。

再從時間軸分析,年代較早的墓葬是以含有toonos陪葬品為典型的基本模式。到了晚期(尤其後半),以外來的陶瓷器作為陪葬的例子大幅增多,同時以toonos作為陪葬品的例子是快速減少。顯然,外來陶瓷取代了傳統的toonos。

外來陶瓷原本只是一種生活上的實用品,然因為這種器物有較佳的性質與功能,所以自然而然可以取代原有的本土陶器。只是就陪葬品而言,並不需要有較佳的客觀功能,該器物所象徵、代表的意義才是陪葬品的目的所在。由此便可瞭解,晚期淇武蘭人的價值觀似乎也隨之改變了。思想、精神、價值觀都是族群文化中持續性較長,較穩定難以變化的要素,若此部分也呈現變化狀態,就不難想像當時外來文化對於當地傳統生活的各種巨大衝擊了。

以上所舉的考古例證中,一個是代表日常生活所使用的飲食容器,另一個是代表精神性價值觀的墓葬行為。從這兩處都清楚窺見了外來的影響,以及淇武蘭內部所出現的共通意識及變化。這些現象顯然彼此具有關聯性。

總之,隨著本地族群對外接觸的增加與深化,開始產生了內、

外人群差別的意識,而當本身的傳統文化受到影響與衝擊,族群為了內部傳統文化的維續,於是更強化了集體的共同意識。

(三) 噶瑪蘭族群的形成

近年討論族群要件時常注重主觀共同意識的作用,部分研究也指出外來的壓力常常是集結族群內部共識的要因,這種例子在近代殖民歷史中尤可發現,而蘭陽平原族群形成的現象應該也有些類似。下述為統合各資料後,對其族群形成過程之說明:

臺灣東北部的蘭陽平原遠從新石器時代開始即有人群居住與活動。到了距今一千多年前,平原上已有不少小型村落分散於各地。由於整個平原的地勢平坦,幾乎不見天然的地理障礙(除了河川氾濫期),這種地形相對有利於各村落居民的往來接觸,在彼此持續互動之下,各地人群行為逐漸具有一定相關性與類似性,此刻或許存有自我村落的歸屬思想,但無整體噶瑪蘭具體成形的共同行為與意識。例如,對於人死後的埋葬行為並沒有嚴格限定,顯示人群間的宇宙觀也非一致。

這種生活方式應當維持了相當一陣時期,期間如自然環境的變動亦會影響村落生活變遷,例如遇到多雨、河水氾濫的時期,河邊的村落便不得不遷移他地,人與人、村落與村落的關係可能也得隨之調整。

到了距今約四、五百年前,東亞海域的貿易迎向繁榮期,居住於臺灣沿海地區的居民與外地人群的接觸機會隨之增加,貿易的規模也逐漸擴大。這種情形不僅見於海邊聚落,甚至也深入至平原中的村落,淇武蘭便是最典型的代表。平原上的人群一開始藉由海外貿易,將獲得的外來物資使用於生活中,增加生活上的便利,而部分較珍奇的外來物也引發居民的注意與喜愛。

只是隨著時代發展,外來的物品急遽增加,除了實際使用外,也改變了眾人的價值觀,某部分甚至是直接威脅到族群傳統文化的運作與發展。在感受傳統文化逐漸質變的同時,開始對外來文化產生某種「反應」或「抵抗」,而這正是孕育人群產生共同意識的最佳環境。但「意識」是一種無形的存在,如何才能將這種思想具體有效地傳達到群體中?觀看各種歷史例證,常見的模式之一便是將原本生活中的器物賦予精神象徵上的意義,再藉由有形器物的存在,推展、擴散其中的精神意義。噶瑪蘭的 toonos 便是被選擇來作為附有這種功能的器物。

所謂的 toonos（幾何印紋陶罐）本來也不是種特別的陶器,類似的陶容器分布相當廣,是一種流行產物,和特定的族群並沒有關係。但到後來 toonos 被族群賦予了「傳統」的意義,成為族群主觀意志強烈表現的載體。

此外,當時社會上的「族群共同歸屬意識」究竟有無存在?最直接的證據無非就是刻在各種器物上的「高冠人像」了。這類圖樣的特徵鮮明,民族學與人類學的研究皆指出這種形像乃是噶瑪蘭族群之祖先的象徵表現。

圖 11-8　M80 埋葬一位女童　　圖 11-9　M80 棺板上的祖先像

在淇武蘭的發掘中，早期的地層並沒有出土這種標準化的人像（僅是有些類似形像，特徵尚未具體化），到了晚期便出現了不少這類的具體例子，代表之一為一座墓葬棺板上的雕畫。這名死者（M80）（圖 11-8）是一名年約 3～5 歲的女童，或許她的親人是希望本族祖先們日後能好好照顧這名女孩，才會放入有刻有祖先人像的棺板吧（圖 11-9）！

又如被稱為「魚形雕版」的物品（圖 11-10），標本為木質，長約 15 cm，外形似魚，從外觀上很難立刻判斷這個木製品的功能為何物？然最重要的是在器面上刻劃有典型的高冠人像，證實了共同化的祖先人像已經普遍出現，此即噶瑪蘭族群歸屬意識存在的證據[59]。

淇武蘭村的規模在 17 世紀中期達到最高峰，此後則呈現衰退。根據 19 世紀末的田野調查記錄，村民人數已在 100 人以下（伊能嘉矩 1898a：346）。

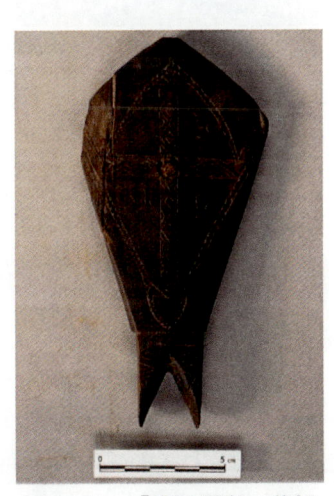

圖 11-10 「魚形雕版」的祖先圖樣

同樣地，傳統文化的衰微現象也表現在陶器中，toonos 的出土數量也和村民的規模一般在晚期急遽減少。更具話題的是後來竟還出現了幾何印紋陶碗（圖 11-11）。

這種碗的胎土和 toonos 相同，而且器表還拍印著滿滿的幾何紋飾，毫無疑問是當地村民所製造。但是，碗的外形明顯就是漢人文

---

[59] 類似的人形圖樣還見於陶製菸斗表面，且數量不少。為何多出現在菸斗上呢？會不會是因為抽菸帶來的身心狀態較容易產生各種精神上的聯想？頗值得玩味。

圖 11-11　淇武蘭的陶碗（左）與漢人瓷碗（右）

化的產物。所以表面看來，這似乎是件融合有兩個族群文化表徵的器物。只是再進一步考究，因為「碗」或「筷」根本不該出現在淇武蘭人的生活中，toonos 才是傳統生活倚重的器物，現在，村民捨棄了 toonos，反而模仿漢人的生活方式，所以這是飲食行為的改變，更是傳統價值觀崩壞的徵兆。

　　總之，從考古資料顯示，蘭陽平原的人群在數百年來逐漸形成噶瑪蘭族群的共同意識，造成這個現象的根本原因是來自外來強勢的文化壓力，而溯其源頭便是東亞地域的海上貿易。

五、結論

　　臺灣考古向來認為史前遺址來自原住民的祖先所留，但在方法上難以證明各個史前考古文化和原住民族群間的關係。究其原因，一個是「考古學文化」的概念無法和族群相對應，另一個則是在不同時空中，定義族群的元素與形貌不同。因應問題所在，必須尋求解決對策，本文舉出兩個研究例子說明，希望可對這類問題有實質性的突破。

　　第一個例子是臺灣東部地區常見的石杵。這是一種具有農業儀式意義的杵，而非以「經濟效能」為主要考量所使用的器物。據之

推衍使用它的人群乃具有某些共同農業儀式活動,或是說在主觀意識行為上具有某些類同性。無論是考古出土或民族學調查,石杵的分布皆僅限在東部地區,有明顯的排他性,而存在時間從新石器時代一直延續至近代。更關鍵點是它的分布範圍幾乎與阿美族一致,且近代阿美族也仍然有使用此類石杵的記錄。因之推論出東部地區從新石器時代以來即是阿美族人祖先的分布地。

縱使當時的「阿美族」恐怕不符合我們今日對阿美族族群的定義認識,但是因地緣環境造成人群往來接觸的密集[60],這是日後促成族群意識形成的基本背景。

第二個例子是來自蘭陽平原淇武蘭遺址的資料。在一千多年前廣闊的蘭陽平原上,各村落的居民間亦是藉著互相往來移動、貿易交換與通婚等,形成行為的類同性,但於意識上可能尚無噶瑪蘭族群的共同感。直到數百年前以來,因為與外界異文化的接觸,過程中受到外來優勢文化的衝擊,故於危機感產生之同時,始有自我與外來的分別意識,促成了噶瑪蘭族群的共同認知。

上述現象的主要證據之一是遺址晚期出土的大量外來物,它們日漸深入村落人群的日常生活中,取代原有器物,並轉變成附有精神意義層次的象徵性物品(如陪葬品)。而在同時,本地傳統陶器與墓葬行為逐漸趨向規格化與一致性,表現出共同的主觀意識。而代表著共同祖先之高冠人像更是族群意識的展現,既然有共同祖先的認知,即應有自我族群的歸屬意識。

上述過程或不是臺灣近代各原住民族群形成的共同模式,但近

---

[60] 此處沒有否定人群來源或親緣關係的作用力,而是主張就長期而言,環境有較大的影響力。換言之,即使人群原本都來自同一親緣團體,但若是經長時間的分離居住,必也無法維持同一性。反之,即使來自不同的親緣團體,但經長時間的密集接觸後,也有可能產生共同性行為。

代外來化衝擊必定對人群狀態產生作用。例如在自然條件上與蘭陽平原有著類似性（廣闊平原地形）的嘉南平原或也有類似現象。嘉南平原於近代歷史多屬西拉雅平埔族的分布地，一般也認為考古學上的蔦松文化就是西拉雅族群的祖先所遺留。試觀察蔦松文化的本地陶器，基本上僅是以「罐」和「缽」等兩種類為主，然後再以「紐」及「圈足」作為選擇性的配件，以組合成各器種（圖 11-12）。顯然這也是具有規格化的傾向。至於族群形成的另一個要件「祖先共同形貌」的存在與否便須再加以深入探究，在蔦松文化中常見有所謂的「鳥首狀器」（圖 11-13），研究上對之功能尚屬不明，惟有研究者提到其在習俗上的意義（劉克竑 1986），是否和特定族群的共同意識有關頗待探討。

　　日治時期，国分直一曾指出西拉雅族群普遍存在的祀壺信仰，即是一種對共同祖先的祭祀性表現。而在考古出土資料中，蔦松文化基本上皆以實用性的夾砂素面紅陶為主，此外還有一類被稱為小黑陶的器種，數量雖少，形制卻特徵鮮明，研究者推測或許與所謂

圖 11-12　蔦松文化的陶器

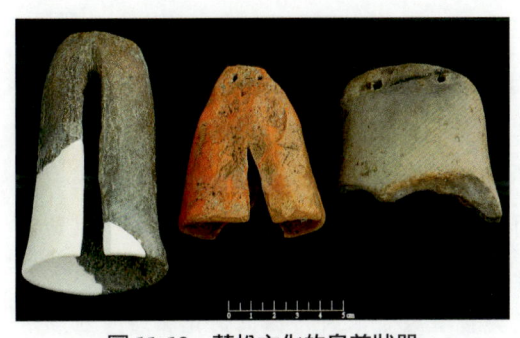

圖 11-13　蔦松文化的鳥首狀器

的祀壺有關。若此，則西拉雅族的共祖意識便能追溯到這種器物的出現。至於其背後的促成原因是什麼？和蘭陽平原的噶瑪蘭族群是否相同？這些都是未來考古研究仍要努力的目標。

　　總結本文研究，旨在指出臺灣原住民族群形成的一種過程模式，以文中所舉的研究個案為例，史前早期以自然環境區位為造成特定人群行為共同性的主因，晚期則是因對外接觸，才具體產生自我與他人的區別意識，並由共同祖先概念的創造以凝聚族群意識。

註：族群是一個很複雜的概念，一般對族群的籠統印象不外乎要有共同的語言、歷史、傳統文化、風俗行為、制度組織等，因為組成要素多，有難以標準化定義的問題，且在不同的時間、空間中的意義又常見改變。

然而，族群現象個別存在於近代臺灣乃是個客觀事實，所以各原住民族群是如何形成的？其中絕對存在著歷史過程的因素。民族學者或文化人類學者或以神話、傳說以回溯族群的形成歷史，但神話、傳說常常只是文化的產物，卻不是歷史的客觀經過。故這個課題恐怕也只能借助於族群的理論，結合考古資料與研究了。

理論面經典之一如恩格斯在《家庭、私有制和國家的起源》一書中對族群的談論，大致認為人群最初以血緣結合為群體（血族），之後在共祖概念下，結合為「氏族」，再擴大組成「胞

族」、「部落」等。這個以社會演化論為基底的說法易於理解與被接受,因此長期以來成為研究者認識人類社會組織的範本,也是解釋考古資料的參考。

上述說法在今日或多有被質疑,簡要而言便是族群的形成通常各有其歷史脈絡,而非簡化的社會演化所能一概包容。但是其中談及的幾個成因要素仍值得參考,如本文提到的「地緣」或「共同祖先」等,尤其後者經常來自可循的文化脈絡,並隨著社會現狀被重新想像、創造,或與神話附著共生,在日常文化行為上產生實質的約束力,對於族群形成可說具有關鍵的重要性。循此,我們如果可以在古代資料中舉出有關「共同祖先」的證據,甚至說明它從無到有的過程,那麼對族群形成的問題一定能有相當的幫助。

在本文中非常強調淇武蘭晚期所出現的「高冠人像」,因為它是「共同祖先」概念及「族群意識」形成的證據。類似的考古證據在臺灣其他遺址中尚有可能發現,特別是在鐵器時代以來的時期,例如舊香蘭遺址的蛇形紋樣亦是具有類似的象徵意涵(李坤修 2005)。舊香蘭出現這種標誌的年代顯然較淇武蘭早,惟相同之處是當時都出現了很多具有外來特質的要素,包括舊香蘭遺址所見的特殊工藝技術(如金屬製造、玻璃製造)等。所以縱使年代不同,但也許在族群形成的過程中是有某些共同性。

後記

　　本書共有十一個章節，整合各內容後可歸結出四個主題。

　　第一個主題是淇武蘭遺址的基礎資料，這部分主要是綜合了發掘報告中的要點，重新作精簡的敘述。此外也針對遺址的未來，提出保存與展示的建議，較可惜的是目前遺址出土的遺物仍被保存於主管機關的倉庫，尚無一個長久性的再利用規劃。

　　第二個主題是關於淇武蘭遺址的學術意義，三篇文章分別是從歷史、考古與族群等三個觀點提出討論。這是因為淇武蘭遺址的時空背景剛好同時涉及了這三個領域，無論從哪個視野都能看到它的學術意義。同時這也表示歷史、考古與族群的問題在近代蘭陽平原是交互重疊，唯有同時考慮三者才能獲致最合理的解釋。

　　第三個主題是淇武蘭遺址的早期與晚期的文化研究。基本上這是應用傳統的考古研究方法，即以考古出土的遺留與脈絡，推測、復原與解釋當時的生活圖像。淇武蘭的出土資料很多，本書分析多著重於陶器與墓葬，此乃因為前者是飲食行為與生活文化的代表性器物；後者是精神、象徵行為的典型產物。

　　第四個主題是貿易與族群問題。對外貿易是淇武蘭社會的重要活動，直接關係人群的生活形態，甚而也改變了淇武蘭聚落的性質，從一個原本從事生業活動的小村落，一躍成為蘭陽平原上最大的貿易集中地。

　　蘭陽平原上原本散居著小村落與人群，在多為自給自足的生活

方式下，沒有形成強烈族群認知之必要。後來，因為貿易引來外來文化的衝擊，觸發對自我族群認同的需求，終於形成近代我們所認知的噶瑪蘭平埔族。

此外，本書也希望在考古學理上澄清與強調兩個重要概念，分別是「考古學文化」與「族群形成」。

一、考古學文化的概念

淇武蘭的發現始於 2001 年，當時我正好完成學業歸國不久，一面在校園內講授考古學課程，另方面也實際涉足社會中的各種考古事務，於是便參與了淇武蘭的發掘工作。

淇武蘭遺址出土了很多噶瑪蘭平埔族的傳統器物，幾乎可以毫無懷疑地認定就是早期噶瑪蘭人群所留下。如果當時就依照臺灣考古研究的慣例，應該將之整合稱為「淇武蘭考古文化」或「噶瑪蘭考古文化」、「早期噶瑪蘭考古文化」等。雖說如此，但因我一向對「考古學文化」的概念仍然充滿疑問，且主張在研究上應以遺址或村落為單位，不宜過度歸納為任一考古文化，所以始終未考慮「淇武蘭遺址是什麼考古文化」的問題。尤其，這個遺址不是很清楚就是噶瑪蘭人所留下來的嗎？為何還需要給予考古學文化之名？

然而，如此的決定帶來了一些誤解。早期，因為蘭陽平原出土很多幾何印紋陶，所以被視為是十三行文化的範圍，自然而然，後來的淇武蘭遺址也常被歸為十三行文化，甚至連若干政府的資料文獻仍延續這個用法。只是既然已經確認了它是噶瑪蘭人的遺址，又為何將之納為凱達格蘭族所屬的十三行文化呢？這是一個很清楚的矛盾與錯誤。因此如果一定要定義淇武蘭遺址的考古學文化，那麼基本的「文化正名」絕對有其必要。在上述所舉的幾個名稱中，「淇

武蘭考古文化」可能指涉一個在器物與行為上較為豐富與複雜的特定群體，依目前所知，除了淇武蘭外，大概只有宜蘭農校遺址可以納入，因此實用意義有限。針對遺址上文化層，若選用「噶瑪蘭考古文化」，則不僅能具體呈現族群的性質，也可涵蓋蘭陽平原晚期多數的遺址，應是一個較適合的選擇。而對於遺址下文化層便可稱為「早期噶瑪蘭考古文化」。

二、族群形成的考古研究

在學術領域內，不少研究者認為現代所見的臺灣原住民族群狀態主要形成於晚近時期。只是現實上鮮少有證據可以說明，這當然是因為文獻資料有限，而族群自身的歷史傳說又缺乏事實客觀性所致。但正是因為如此，臺灣考古學在這裡扮演了決定性的重要角色。

站在宏觀的角度，族群的形成乃是史前以來各地人類普同共有之現象，對於成因，無論個別論述或模式推論都頗值得探討。臺灣在這方面剛好有獨到的條件，史前時代以來臺灣的族群多且複雜（張光直 1972），對於其間的傳承與轉變過程之課題都是臺灣考古的潛力所在，當然也是研究者不能忽視與逃避的重要工作。

近年來有不少以生物人類學或 DNA 等方法進行古代人骨的自然科學分析，針對古代族群問題得到不少新的成果與看法。不過，生物性的血緣關係終究只是族群構成的一個要素，單以這個角度所得出的結果終究只能看到族群形成的一個面向。我們現在都認定族群是一個文化現象，涉及有形、無形的生活與行為要素，而最後還必要以主觀的歸屬意識予以總結。因此基本上仍須仰賴「具有時間深度的人類學」（即考古學）的研究才足以完整解釋。

就本書結論，共祖象徵便是一個值得注意的考古資訊，其出現

在淇武蘭晚期，為本族形成的關鍵時刻。回復這整個時代過程是：噶瑪蘭人群的祖先至少在距今一千多年前便已來到蘭陽平原，先是在長期互動的環境中維持著某些行為的共同性，日後就在此基礎上藉由主觀意識凝聚成為一個族群團體。

引用書目

木下尚子
  1999 〈東亜貝珠考〉，刊於《先史学・考古学論究Ⅲ：白木原和美先生古稀記念献呈論文集》：315-354頁，龍田考古会編，熊本：龍田考古会。

中村孝志
  1938 〈蘭人時代の蕃社表（三）〉，《南方土俗》4(4)：1-7。

中村孝志著，吳密察、許賢瑤譯
  1994 〈荷蘭時代的臺灣番社戶口表〉，《臺灣風物》44(1)：197-234。

王明珂
  1997 《華夏邊緣：歷史記憶與族群認同》。臺北：允晨文化。

王淑津、劉益昌
  2007 〈十七世紀前後臺灣煙草、煙斗與玻璃珠飾的輸入網絡——一個新的交換階段〉，《國立臺灣大學美術史研究集刊》22：51-81。

王端宜
  1974 〈北部平埔族的木彫〉，《國立臺灣大學考古人類學刊》35/36：83-94。

王儷螢
  2011 《宜蘭淇武蘭遺址出土裝飾品之相關研究》。國立臺灣大學人類學研究所碩士論文。

尹達
  1963 〈新石器時代考古工作的回顧與展望〉，《考古》1963(11)：577-589。

伊能嘉矩
  1897 〈臺灣通信第十四回：宜蘭地方に在る平埔蕃の土器〉，《東京人類學會雜誌》12(132)：213-221。

1898a 〈臺灣通信第二十三回：宜蘭方面に於ける平埔蕃の實查〉,《東京人類學會雜誌》13(147)：345-355。

1898b 〈臺灣通信第二十四回：臺北及宜蘭方面に於ける平埔蕃族の第一形成地及び其の分歧〉,《東京人類學會雜誌》13(148)：385-393。

江樹生譯註

2002 《熱蘭遮城日誌》。臺南：臺南市政府。

李子寧

2009 〈眼前無路想回頭──再看國立臺灣博物館藏北部平埔族的木雕〉,《臺灣博物》28(3)：22-39。

李壬癸

1992 〈臺灣平埔族的種類及其相互關係〉,《臺灣風物》42(1)：214-238。

1997a 《臺灣平埔族的歷史與互動》。臺北：常民文化。

1997b 《臺灣南島民族的族群與遷徙》。臺北：常民文化。

李光周

1985 〈臺灣：一個罕見的考古實驗室〉,《臺大文史哲學報》34：215-237。

李匡悌

2001 〈評劉撰「臺灣中部地區史前晚期文化的檢討」〉,《臺灣博物館民族誌論壇社通訊季刊》4(1)：35-49。

李坤修

2005 《臺東縣舊香蘭遺址搶救發掘計畫期末報告》。臺東縣政府文化局委託國立臺灣史前文化博物館執行。

李貞瑩、邱水金

2014 〈宜蘭農校遺址發掘〉,《田野考古》17(1)：59-120。

坂井隆

2014 〈東南アジアと臺湾における中国系銭貨の使用〉。論文發表於東南アジアにおける出土銭貨の考古学的研究 2014 年度研究会。淑德大学人文学部歴史学科主辦。

宋文薰
  1980 〈由考古學看臺灣〉,刊於《中國的臺灣》:93-220頁,陳奇祿等合著,臺北:中央文物供應社。

宋文薰、連照美
  1975 〈臺灣西海岸中部地區的文化層序〉,《國立臺灣大學考古人類學刊》37/38:85-100。
  1988 《卑南遺址第11-13次發掘工作報告》。國立臺灣大學考古人類學專刊第十二種。臺北:國立臺灣大學文學院人類學系。

吳佰祿
  2011 〈博物館原住民文物誌的新探索:Local 與 Macro 的對話〉,刊於《臺灣原住民知識與文化數位典藏研討會論文集》:163-195頁,周明主編,臺北:行政院原住民族委員會文化園區管理局。

阮昌銳
  1969 《大港口的阿美族(下)》。中央研究院民族學研究所專刊十九。臺北:中央研究院民族學研究所。

阮昌銳、李子寧、吳佰祿、馬騰嶽
  1999 《文面·馘首·泰雅文化:泰雅族文面文化展專輯》。臺北:國立臺灣博物館。

佐倉孫三
  1996 [1903] 《臺風雜記》。南投:臺灣省文獻委員會。

呂理政
  1999 〈卑南文化公園:臺灣首見的考古遺址野外博物館〉,《國立臺灣史前文化博物館籌備處通訊:文化驛站》8:1-6。

国分直一
  1981 《臺湾考古民族誌》。東京:慶友社。

邱水金、李貞瑩
  2010 《宜蘭農校遺址受宜蘭大學汙水處理系統工程C管廊開挖影響部分之遺址搶救發掘資料整理計畫第四年工作報告書》。宜蘭縣政府文化局委託宜蘭縣文化局執行。

邱斯嘉

2009 〈從考古的証據看太平洋文化的起源與變遷〉,刊於《群島之洋:人類學的大洋洲研究》:13-104頁,童元昭主編,臺北:臺灣商務。

邱鴻霖

2004 《宜蘭縣礁溪鄉淇武蘭遺址出土墓葬研究——埋葬行為與文化變遷的觀察》。國立臺灣大學人類學研究所碩士論文。

林淑芬

2004 《由孢粉紀錄看蘭陽平原最近4200年來的自然環境演變及其與史前文化發展之關係》。國立臺灣大學地質科學研究所博士論文。

林淑芬、陳有貝、邱水金、李貞瑩

2010 〈淇武蘭史前人群與自然環境〉,刊於《探溯淇武蘭:「宜蘭研究」第九屆學術研討會論文集》:31-59頁,李素月、許美智主編,宜蘭:宜蘭縣史館。

胡家瑜

1999 〈平埔族人形紋樣的型式與意義初探〉。論文發表於臺灣原住民國際研討會。中央研究院民族學研究所、順益博物館主辦。

胡雅琦

2007 《龍門舊社遺址貝類遺留與相關行為之探討》。國立臺灣大學人類學研究所碩士論文。

柯培元

1957 [1835] 《噶瑪蘭志略》。臺灣文獻叢刊第九十二種。臺北:臺灣銀行經濟研究室。

施添福

1997 《蘭陽平原的傳統聚落:理論架構與基本資料(上冊)》。宜蘭文獻叢刊12。宜蘭:宜蘭縣立文化中心。

姚瑩

1957 [1829] 《東槎紀略》。臺灣文獻叢刊第七種。臺北:臺灣銀行經濟研究室。

洪曉純
  2016 〈臺灣東部與菲律賓群島的史前人群交流〉,刊於《臺灣東半部一千年前後的文化樣相研討會會議論文集》:211-229頁,中央研究院歷史語言研究所考古學門主辦,臺北:中央研究院歷史語言研究所。

翁佳音
  1999 〈近世初期北部臺灣的商業交易與原住民〉,刊於《臺灣商業傳統論文集》:45-79頁,黃富三、翁佳音主編,臺北:中央研究院臺灣史研究所籌備處。

秦貞廉
  1940 《漂流臺灣チョプラン嶋之記:享和三年癸亥》。臺北:臺灣愛讀会。

夏鼐
  1959 〈關於考古學上文化的定名問題〉,《考古》1959(4):169-172。

陳有貝
  1998 〈古代中國の玦〉,《人類史研究》10:64-73。
  2000 〈臺灣史前文化架構下的大陸要素〉,《國立臺灣大學考古人類學刊》54:115-132。
  2001 《考古遺址的保存》。發表於2001臺灣文化資產保存研究年會——追求文化資產的真實性。國立文化資產保存研究中心籌備處主辦。改寫為2003〈從考古遺址性質談文化資產保存〉,刊於《2001臺灣文化資產保存研究年會論文選輯:追求文化資產的真實性》:1-6頁,國立文化資產保存研究中心籌備處編,臺南:國立文化資產保存研究中心籌備處。
  2005a 〈從淇武蘭與舊社兩遺址看族群研究〉,《國立臺灣博物館學刊》58(2):25-35。
  2005b 〈從遺址發掘到展示——對於淇武蘭遺址公園的幾點想法〉,《蘭陽博物》16:4-9。
  2005c 〈臺灣東北角龍門舊社遺址的發掘與意義〉,《臺灣博物季刊》24(2):78-83。

2005d 〈蘭陽平原淇武蘭遺址的問題與研究〉,《田野考古》10(2):31-48。
2006 〈淇武蘭遺址在蘭陽平原考古研究的意義〉,《宜蘭文獻叢刊》27:11-25。
2012a 〈從淇武蘭陶器探討噶瑪蘭族群問題〉,刊於《探溯淇武蘭:「宜蘭研究」第九屆學術研討會論文集》:503-517頁,李素月、許美智主編,宜蘭:宜蘭縣史館。
2012b 〈從淇武蘭遺址出土資料探討噶瑪蘭族群早期飲食〉,《中國飲食文化》8(1):49-74。
2013a 〈花東地區出土石杵的意義與研究〉,《田野考古》16(2):81-100。
2013b 〈淇武蘭遺址傳統陶罐的功能與意義探討〉,刊於《土理土器:臺灣史前陶容器特展標本圖錄》:104-111頁,李坤修、黃郁倫、夏麗芳主編,臺東:臺灣史前博物館。
2014a 〈琉球列島與臺灣史前關係的再研究——從古代地理意識之角度〉,《考古人類學刊》81:3-28。
2014b 《臺灣淇武蘭遺跡の銅錢について》。論文發表於東南アジアにおける出土錢貨の考古学的研究2014年度研究會。淑德大學人文學部歷史學科主辦。
2015 〈史前臺灣的人身裝飾品研究〉,《國立臺灣博物館學刊》68(1):19-42。
2016a 〈宜蘭縣淇武蘭遺址的下文化層研究〉,刊於《臺灣東半部一千年前後的文化樣相研討會會議論文集》:17-30頁,中央研究院歷史語言研究所考古學門主辦,臺北:中央研究院歷史語言研究所。
2016b 〈淇武蘭遺址出土的外來物意義研究〉。刊於《考古、歷史與原住民:臺灣族群關係研究新視野》:165-194頁,中央研究院民族學研究所、順益臺灣原住民博物館主編,臺北:順益臺灣原住民博物館。
2016c 〈臺湾の巨石文化について〉,《九州考古学》91:63-84。
2018 〈從裝飾、標記到意義的形成:淇武蘭遺址所見〉。論文發表於2018國際考古論壇:裝飾藝術與考古。新北市政府主辦。

陳有貝、李貞瑩、盧柔君
    2013　《國道5號二龍河段側車道延伸新闢工程與淇武蘭遺址重疊範圍之搶救發掘報告》（上、下、別冊）。宜蘭縣政府文化局委託國立臺灣大學人類學系執行。

陳有貝、邱水金、李子寧
    2002　《宜蘭縣礁溪鄉淇武蘭遺址搶救發掘始末簡報》。宜蘭縣文化局委託國立臺灣大學人類學系執行。

陳有貝、邱水金、李貞瑩
    2005　《淇武蘭遺址出土陶罐圖錄》。宜蘭：財團法人蘭陽基金會。
    2007　《淇武蘭遺址搶救發掘報告》（1-3冊）。宜蘭：宜蘭縣立蘭陽博物館。
    2008　《淇武蘭遺址搶救發掘報告》（4-6冊）。宜蘭：宜蘭縣立蘭陽博物館。

陳有貝、陳俊廷
    2019　《礁溪大竹圍遺址文化內涵研究發掘計畫報告》。宜蘭縣政府文化局委託國立臺灣大學人類學系執行。

陳宗仁
    2010　〈十七世紀上半葉蘭陽平原交易型態初探〉，刊於《探溯淇武蘭：「宜蘭研究」第九屆學術研討會論文集》：321-352頁，李素月、許美智主編，宜蘭：宜蘭縣史館。

陳奇祿、唐美君
    1958　〈臺灣排灣群諸族木雕標本圖錄（二）〉，《國立臺灣大學考古人類學刊》12：57-115。

陳淑均
    1963 [1852]　《噶瑪蘭廳志》。臺灣文獻叢刊第一六〇種。臺北：臺灣銀行經濟研究室。

陳惠芬
    1984　〈從三角點檢測成果見到的臺灣的地盤升降〉，刊於《經濟部中央地質調查所特刊3》：127-140頁，經濟部中央地質調查所編，臺北：經濟部中央地質調查所。

張光直
  1972 〈臺灣考古的重要性〉,《臺灣風物》22(3):37-40。
  1977 〈濁水溪大肚溪流域考古——濁大計畫第一期考古工作總結〉,刊於《臺灣省濁水溪與大肚溪流域考古調查報告》:409-436頁,張光直主編,臺北:中央研究院歷史語言研究所。
  1987 〈中國東南海岸考古與南島語族起源問題〉,《南方民族考古》1987(1):1-14。

盛清沂
  1962 〈臺灣省北海岸史前遺址調查報告〉,《臺灣文獻》13(3):60-152。
  1963 〈宜蘭平原邊緣史前遺址調查報告〉,《臺灣文獻》14(1):1-60。

康培德
  2003 〈十七世紀上半的馬賽人〉,《臺灣史研究》10(1):1-32。

連照美
  1989 〈考古學的發展與應用:以臺灣史前文化博物館之建館為例〉,《中國民族學通訊》26:22-23。
  1998 〈七世紀到十二世紀的臺灣——臺灣鐵器時代文化及相關問題〉,《國立臺灣大學考古人類學刊》53:1-11。

連照美、宋文薰
  1992 《臺灣地區史前遺址資料檔(一)》。國立臺灣史前文化博物館籌備處專刊2。臺北:國立臺灣史前文化博物館籌備處。

黃士強
  1975 〈玦的研究〉,《國立臺灣大學考古人類學刊》37/38:44-67。
  1985 〈試論中國東南地區新石器時代及臺灣史前文化的關係〉,《臺大文史哲學報》34:191-214。

黃士強、曾振名、陳維新、朱正宜、陳有貝、顏學誠
  1987 〈考古文化篇〉,刊於《蘇澳火力發電計畫環境美質文化及社會經濟調查》:177-238頁,陳朝明等著,臺北:臺灣電力公司。

黃士強、劉益昌
  1980 《全省重要史蹟勘查與整修建議——考古遺址與舊社部分》。

交通部觀光局委託國立臺灣大學考古人類學系執行。

黃士強、臧振華、陳仲玉、劉益昌
    1993   《臺閩地區考古遺址普查研究計畫第一期研究報告》。內政部委託中國民族學會執行。

程士毅
    1995   〈凱達格蘭族群的分布與三貂社簡述〉，刊於《凱達格蘭族文化資產保存研討會專刊：搶救核四廠遺址與番仔山古蹟》：113-123頁，黃美英主編，臺北：臺北縣立文化中心。

稅所重雄著，吳萬煌譯
    1993   《臺灣菸草栽培變遷史》。南投：臺灣省文獻委員會。

新井英夫
    1936   〈平埔蕃の木雕に就て〉，《科學の臺灣》4(4)：14-19。

楊君實
    1961   〈臺北縣八里鄉十三行及大坌坑兩史前遺址調查報告〉，《國立臺灣大學考古人類學刊》17/18：45-70。

詹素娟
    1998   〈Sanasai 傳說圈的族群歷史圖像〉，刊於《平埔族群的區域研究論文集》：29-59頁，劉益昌、潘英海主編，南投：臺灣省文獻委員會。

詹素娟、張素玢
    2001   《臺灣原住民史：平埔族史篇（北）》。南投：臺灣省文獻委員會。

趙青芳
    1955   〈淮安縣青蓮崗新石器時代遺址調查報告〉，《考古學報》1955(1)：13-23。

劉良璧
    1961 [1740]   《重修福建臺灣府志》。臺北：臺灣銀行經濟研究室。

劉克竑
    1986   〈從考古遺物看蔦松文化的信仰〉，《人類與文化》22：20-29。

劉益昌
    1995a   〈第99回「臺灣研究研討會」記錄：史前文化與原住民關係初

步探討〉,《臺灣風物》45(3):75-98。
- 1995b 〈臺灣北部沿海地區史前時代晚期文化之探討〉,刊於《平埔研究論文集》:1-20頁,潘英海、詹素娟主編,臺北:中央研究院臺灣史研究所。
- 1996 《臺灣的史前文化與遺址》。南投:臺灣省文獻委員會、臺灣史蹟源流研究會。
- 1997 《臺北縣北海岸地區考古遺址調查報告》。臺北縣立文化中心委託中國民族學會執行。
- 2002 《淡水河口的史前文化與族群》。臺北:臺北縣立十三行博物館。

劉益昌、詹素娟
- 1999 《大臺北都會區原住民歷史專輯》。臺北:臺北市文獻委員會。

劉益昌、鍾國風
- 2009 《花蓮縣壽豐鄉水璉遺址》。花蓮縣文化局委託臺灣打里摺文化協會執行。

臧振華
- 2001 《十三行的史前居民》。臺北:臺北縣立十三行博物館。
- 2004 《臺南科學工業園區道爺遺址未劃入保存區部分搶救考古計畫期末報告》。南部科學工業園區管理局委託中央研究院歷史語言研究所執行。
- 2012 〈再論南島語族的起源與擴散問題〉,《南島研究學報》3(1):87-119。

臧振華、劉益昌
- 2001 《十三行遺址:搶救與初步研究》。臺北:臺北縣政府文化局。

潘瑋玲
- 2005 《龍門舊社遺址的發掘與研究》。國立臺灣大學人類學研究所碩士論文。

盧柔君
- 2017 〈臺灣金屬器時代的島外交易模式初探:以淇武蘭遺址下文化層出土陶瓷為例〉,刊於《2016年臺灣考古工作會報論文集》:160-179頁,國立自然科學博物館主辦,臺中:國立自然科學博物館。

鮑曉鷗著,Nakao Eki 譯
  2008 《西班牙人的臺灣體驗,1626-1642:一項文藝復興時代的志業及其巴洛克的結局》。臺北:南天書局。

謝艾倫
  2009 《宜蘭淇武蘭遺址出土外來陶瓷器之相關研究》。國立臺灣大學人類學研究所碩士論文。

謝明良
  2011 〈臺灣宜蘭淇武蘭遺址出土的十六至十七世紀外國陶瓷〉,《國立臺灣大學美術史研究集刊》30:83-184。

謝德宗
  1992 〈貨幣定義文獻發展的回顧〉,《臺北市銀月刊》23(1):2-27。

蘇仲卿、洪楚璋、黃增泉、林曜松、謝繼昌
  1982 《第四核能電廠附近陸上之生態調查研究》。臺北:中央研究院國際環境科學委員會中國委員會。

Bellwood, P.
  1984 A Hypothesis for Austronesian Origins. *Asian Perspectives* 26(1): 107-117.

Bellwood, P. and E. Dizon
  2005 The Batanes Archaeological Project and the "Out of Taiwan" Hypothesis for Austronesian Dispersal. *Journal of Austronesian Studies* 1(1): 1-33.

Chen, Chi-Lu
  1968 *Material Culture of the Formosan Aborigines*. Taipei: The Taiwan Museum.

von Falkenhausen, L.
  1995 The Regionalist Paradigm in Chinese Archaeology. In P. Kohl and C. Fawcett eds., *Nationalism, Politics, and the Practice of Archaeology*, pp. 199-317. Cambridge: Cambridge University Press.

國家圖書館出版品預行編目（CIP）資料

淇武蘭遺址考古學研究論文集 ／ 陳有貝著. -- 新北市：華藝學術出版：華藝數位發行，2020.08
　　面；　公分
ISBN 978-986-437-181-5（平裝）

1.考古遺址 2.文集 3.宜蘭縣

798.8033　　　　　　　　　　　　　109009859

淇武蘭遺址考古學研究論文集

作　　　者／陳有貝
責任編輯／蔡旻真
執行編輯／謝宇璇
封面設計／張大業
版面編排／許沁寧

發 行 人／常效宇
總 編 輯／張慧銖
業　　務／吳怡慧
出　　版／華藝數位股份有限公司　學術出版部（Ainosco Press）
　　　　　地　　址：234 新北市永和區成功路一段 80 號 18 樓
　　　　　電　　話：(02)2926-6006　傳真：(02)2923-5151
　　　　　服務信箱：press@airiti.com
發　　行／華藝數位股份有限公司
　　　　　戶名（郵政／銀行）：華藝數位股份有限公司
　　　　　郵政劃撥帳號：50027465
　　　　　銀行匯款帳號：0174440019696（玉山商業銀行 埔墘分行）
法律顧問／立暘法律事務所　歐宇倫律師

　ISBN／978-986-437-181-5
　　DOI／10.978.986437/1815
出版日期／2020 年 8 月
定　　價／新台幣 420 元

版權所有．翻印必究　Printed in Taiwan
（如有缺頁或破損，請寄回本社更換，謝謝）